Walter Salomon

Naturheilkunde für Pferde

ETB
ECON Taschenbuch Verlag

CIP-Kurztitelaufnahme der Deutschen Bibliothek

Salomon, Walter:
Naturheilkunde für Pferde / Walter Salomon.
Orig.-Aug. – Düsseldorf: ECON Taschenbuch Verlag, 1986.
(ETB; 20117: ECON Ratgeber Natur)
ISBN 3-612-20117-4

2. Auflage 1987
Originalausgabe

Umschlagentwurf: Ludwig Kaiser
Titelfoto: Tierfoto Reinhard
Zeichnungen: Brigitte Braun
Die Ratschläge in diesem Buch sind von Autor und Verlag sorgfältig erwogen und geprüft; dennoch kann eine Garantie nicht übernommen werden. Eine Haftung des Autors bzw. des Verlags und seiner Beauftragten für Personen-, Sach- und Vermögensschäden ist ausgeschlossen.
Satz: Computersatz Bonn GmbH, Bonn
Druck und Bindearbeiten: Ebner Ulm
Printed in Germany
ISBN 3-612-20117-4

Inhaltsverzeichnis

Vorwort

Die moderne Medizin hat mit ihrer Vielfalt an Arzneimitteln, Techniken und der zunehmenden Spezialisierung in Teilbereiche hervorragende Erfolge. Dabei gerät der Patient aber immer mehr

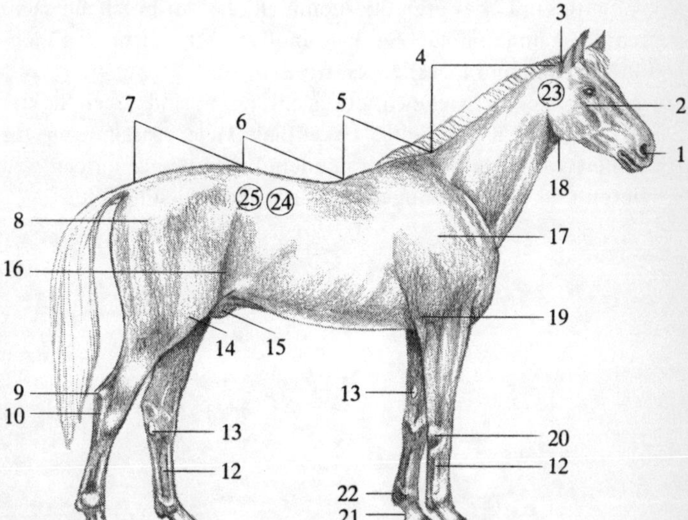

1: Nüstern, 2: Jochbeinleiste, 3: Genick, 4: Hals, 5: Wlderrist, 6: Rücken, 7: Kruppe, 8: Sitzbeinhöcker, 9: Sprungbeinhöcker, 10: Sprunggelenk, 11: Ballen, 12: Röhrbein, 13: Kastanie, 14: Kniescheibe, 15: Schlauch, 16: Flanke, 17: Schulter, 18: Gamasche, 19: Ellbogen, 20: Vorderfußwurzelgelenk, 21: Fesselbeuge, 22: Fesselkopf, 23: Ohrspeicheldrüse, 24: Nieren, 25: Lende.

ins Hintertreffen, zumal sich viele chemische Arzneimittel als nicht so harmlos erwiesen hatten, wie ursprünglich erwartet. Aus dieser Situation heraus kam die Naturheilkunde in den letzten Jahren wieder zu neuen Ehren.
Dieses Buch zeigt viele Möglichkeiten auf, Krankheiten des Pferdes naturheilkundlich zu behandeln. Es ist ein Leitfaden für *verantwortungsbewußte* Pferdehalter und soll nicht zur Selbstbehandlung krankhafter Zustände bei den Tieren anregen. Eine Eigentherapie ist immer gefährlich! Viele Krankheiten haben sich ähnelnde Symptome und können oft auch von einem sachkundigen Tierarzt oder Tierheilpraktiker nur schwer gegeneinander abgegrenzt werden.
Mit der Anschaffung eines Pferdes oder Ponys wird die Verantwortung für ein Lebewesen übernommen, das Anspruch auf sachgerechte Behandlung hat. Deshalb muß immer so früh wie möglich ein Fachmann hinzugezogen werden.
Auch wenn Sie jetzt vielleicht etwas enttäuscht sind, legen Sie das Buch nicht gleich zur Seite. Es enthält viele Anregungen zur Krankheitsvorbeuge, bei eintretenden Erkrankungen richtig zu reagieren und bei einer angeordneten Therapie zu helfen.

Wie entstehen Krankheiten?

In der Biologie ist Leben ein Begriff für Vorgänge des Gestalts- und Stoffwechsels, der Vermehrung und der Reizbarkeit, die an Organismen ablaufen und dem Zerfall der belebten Substanz entgegenwirken. Dieser Energieablauf spielt sich vor allem in den Zellen ab, den sogenannten »Energiekraftwerken«. Die notwendige Kraft dazu liefert die kosmische Strahlung. Weil jedes Lebewesen, jede Pflanze, ja selbst jeder Stein eine andere Ausstrahlung haben und keine davon zweimal vorkommt, ergänzen sie sich. Es entsteht ein ständiger Austausch, ein Gleichgewicht, das wir *Gesundheit* nennen.

Ist der Energiefluß gestört, kommt es zu Krankheiten.

Krankheiten des Pferdes sind heute weniger durch Vererbungsfehler, sondern meistens durch nachteilige Umwelteinflüsse und hohe Leistungsanforderungen bedingt.

Die Ursachen lassen sich einteilen in Krankheiten durch

- belebte Erreger, wie Bakterien, Viren, Pilze und durch Schädlinge,
- Stoffwechselstörungen,
- Ernährungsfehler.

Wie auch immer die Einteilung aussieht, bei allen Krankheiten liegt eine Störung in den Zellen und Zellverbänden vor. Diese Störungen nennt man Blockaden oder Störfelder. Auch die durch Unfälle oder belebte Erreger verursachten Krankheiten sind Abwehrreaktionen des Körpers auf Gifte und zeigen sich in Fieber, Entzündungen oder gesteigerter Ausscheidung. Chronische Erscheinungsbilder entstehen durch allmähliches Anhäufen von negativen Einflüssen. Der Körper ist nicht mehr in der Lage zu reagieren; jede chronische Krankheit hat also mehrere Ursachen.

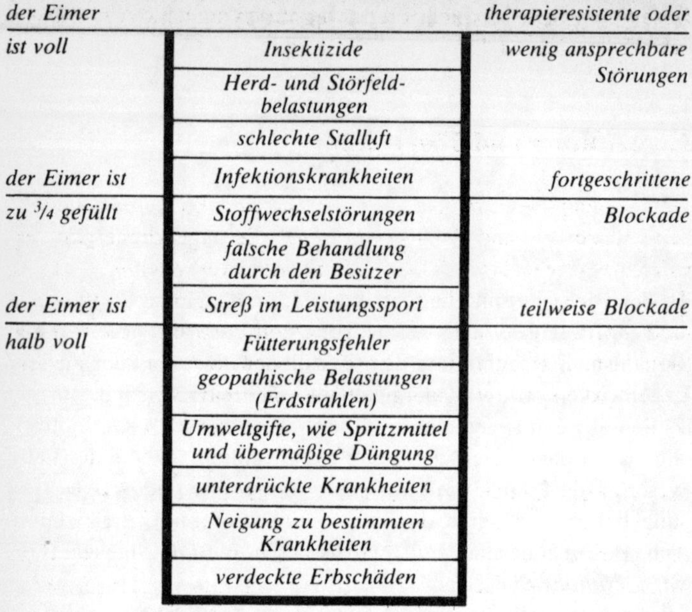

Der Körper als Mülleimer

Der Körper ist ein Mülleimer! Die »Abfälle« werden in verschiedenen Schichten eingelagert. Solange der Eimer nicht voll ist, kann der Körper durch seine Regulationssysteme noch ausgleichend wirken. So werden zum Beispiel die erhöhten Anforderungen eines Leistungspferdes an Herz und Lunge durch eine Vergrößerung der linken Herzkammer ausgeglichen. Mit zunehmender Belastung treten Warnsignale, wie Herzstechen, extreme Müdigkeit oder Durchfall auf. Werden diese Signale übersehen, so werden zusätzliche Schadstoffe in den Eimer gehäuft. Ist er dann voll, verkraftet das Bindegewebe seine Funktion als Mülleimer nicht mehr, der Energiefluß ist gestört, die Krankheit bricht aus. Der Körper versucht jetzt massiv, die Schadstoffe auszuscheiden oder abzuwehren.

Krankheiten sind immer Gegenreaktionen des Körpers auf störende Einflüsse oder Abwehrmaßnahmen des Organismus zur

Beseitigung von Schadfaktoren, wie Verletzungen, Vergiftungen oder Bakterienbefall.

Konstitution und Disposition

Diese beiden Begriffe spielen in der Naturheilkunde eine wesentliche Rolle. Es sind Anlagesymptome, die angeborene oder erworbene Organschwächen, Systemminderwertigkeiten und die Tendenz zur Krankheitsbereitschaft zeigen. Beim Pferd kennt man eine familiär oder rassebedingte Disposition für Knochenerkrankungen, empfindliche Beine, Koppen, Sommerekzeme und Eierstockszysten mit Neigung zur Nymphomanie.

Krankheitsminderung durch artgerechte Haltung

Angeborene Anlagen und Fähigkeiten entfalten sich nur dann, wenn Harmonie zur Umwelt und zum Haltungssystem besteht. Das Haltungssystem ist eine Wechselbeziehung zwischen den von Menschen erbrachten Leistungen, wie Futter, Stall und Stalleinteilung, Stallklima, den sonstigen Stallbewohnern und dem Einfühlungsvermögen des Pferdes.
An die Anpassungsfähigkeit der Tiere dürfen keine überhöhten Ansprüche gestellt werden. Pferde sind soziale Wesen, Kontakt zu anderen Pferden ist also wichtig. Ebenso notwendig ist viel Bewegung. Die beste Art der Pferdehaltung ist die Gruppenauslaufhaltung.

Krankheitszeichen

Jede Krankheit äußert sich in einer bestimmten Form, zum Beispiel durch schlechtes Allgemeinbefinden, träges oder apathisches Verhalten, Fieber, Speichelfluß, Schonung des Beines, Verweigerung der Futteraufnahme, struppiges Fell oder übermäßiges Schwitzen.

Bericht für den Fachmann

Dieser Vorbericht muß mindestens folgende Aussagen enthalten:

- Aufzählung aller äußeren Symptome, auch wenn sie jetzt nicht mehr vorhanden sind.
- Veränderungen im Verhalten.
- Datum der ersten Anzeichen.
- Anzahl der erkrankten Tiere (bei mehreren Fällen ist die Angabe wichtig, ob sie gleichzeitig oder nacheinander krank wurden).
- In welchem Tempo die Krankheit verläuft.
- Wann und wo der letzte Kontakt mit fremden Pferden war.
- Gestörte Körpertätigkeiten, wie Atmung und Bewegung.
- Wie Futter- und Wasseraufnahme, Kot- und Urinabsatz verlaufen.
- Wann und was zuletzt gefüttert wurde.

Diese detaillierten Angaben erleichtern die Diagnose; oft sind zur exakten Bestimmung einer Krankheit auch Laboruntersuchungen notwendig.

Naturheilkunde

Naturheilkunde ist der Ausdruck für eine besondere ärztliche Einstellung, bei der Diagnose und Therapie eine Einheit bilden. Krankheit erfaßt hierbei immer den gesamten Organismus, den Körper und die Psyche. Ziel der Behandlung ist nicht die Beseitigung der Krankheitssymptome, sondern der Ursachen durch Stärkung der Selbstheilungskräfte des Organismus. Es wird also nicht die einzelne Krankheit für sich allein behandelt. Durch die Therapie stellt sich der ganze Körper um und bekommt damit seine Anfälligkeiten in den Griff. Dabei werden Krankheiten immer von innen nach außen geleitet. Geschieht dies nicht, werden sie nur unterdrückt, und der vorher erwähnte Mülleimer wird weiter gefüllt.

Naturheilmittel gleichen das Energiedefizit in Körper und Psyche aus, chemische Präparate wirken nur auf den Körper ein. Es ist das Grundprinzip aller naturheilkundlichen Methoden, durch Reize die Selbstheilungskräfte des Körpers anzuregen und so den Energiefluß wieder in Bewegung zu bringen. Voraussetzung dafür ist ein intaktes Regel- und Abwehrsystem.

Ein Organismus muß reizbar sein! Er muß die Kraft haben, einem Reiz zu begegnen und ihn reaktiv beantworten können. Deshalb sollten am besten schon vor Beginn einer naturheilkundlichen Behandlung die vorhandenen Störfelder, Blockaden und Herde nach Möglichkeit beseitigt werden.

Grenzen der Naturheilkunde

Die Naturheilkunde kann genausowenig wie die Schulmedizin alle Krankheitsprobleme lösen. Abbauende Erkrankungen können vielleicht aufgehalten werden, führen aber nie zu einer umfassenden Erneuerung. Mangelhafte Funktionen können aktiviert, erloschene Funktionen aber kaum belebt werden. Alterserscheinungen lassen sich vielleicht hinauszögern, aber nicht verhindern.

Fast alle naturheilkundlichen Mittel wirken langsam, dafür aber körperschonend. Sie regulieren, regen die Selbstheilungskraft an und sind auf das »Gleichgewicht« des Körpers – Grundlage der Gesundheit – ausgerichtet. Der sachgerechte Einsatz von Naturheilmitteln verursacht keine Körperschädigungen durch medikamentöse Unterdrückung einer Krankheit oder einer Folgekrankheit, die erst später sichtbar wird.

Natürlich sind auch der Naturheilkunde Grenzen gesetzt. Es gibt Fälle, bei denen ein chirurgischer Eingriff unumgänglich ist, zum Beispiel bei Darmverschluß. Ebenso kann auch in der Naturheilpraxis die Verordnung von Beruhigungsmitteln, wie Valium, zur Linderung von Schmerzen notwendig sein, etwa beim Transport eines Pferdes mit Darmverschlingung in die Klinik. (Betäubungsmittel darf nur ein Tierarzt verordnen.)

Wenn die Naturheilkunde Cortison und Antibiotika wegen der möglichen Folgeschäden ablehnt, ist dies im Prinzip richtig. Mit der naturheilkundlichen Behandlung soll ja grundsätzlich der Körper so weit gebracht werden, daß der Einsatz dieser Mittel sich erübrigt. Es gibt aber Situationen, in denen auf diese Präparate nicht verzichtet werden kann. Bei Schockzuständen ist Cortison das einzige Mittel, das alle reanimierbaren Fälle einwandfrei zurückholt. Den naturheilkundlichen Arzneien fehlt hier die überzeugende Wirkung.

Unverantwortlich wäre es auch, eine vernachlässigte Lungen- oder Blasenentzündung ohne Antibiotika behandeln zu wollen. Nach dem unbedingt notwendigen Einsatz muß unverzüglich alles unternommen werden, um mögliche schädigende Nachwirkungen der Präparate abzubauen oder abzublocken.

Naturheilverfahren

Pflanzen sind die ältesten Heilmittel für Mensch und Tier. Sie werden seit Jahrhunderten überall verwendet und standen früher in jeder Hausapotheke. Die Mittel waren wirksam, unschädlich und hatten sich seit jeher bewährt. Das Wissen über ihre Heilkraft und Anwendung wurde von Generation zu Generation weitergegeben.
Nachfolgend werden Naturheilverfahren vorgestellt, die in der Pferdehaltung von Bedeutung sind. Auch hier stehen die Pflanzen an 1. Stelle.

Verfahren auf pflanzlicher und mineralischer Basis

Die Pflanzenheilkunde geht immer von der gesamten Pflanze aus, also von einem Wirkstoffkomplex. Dabei spielen Jahreszeit, Boden und Klima eine Rolle. Verwendet werden getrockenete Blüten, Grünteile, Wurzeln oder in Alkohol gelegte Pflanzenteile. Ihr Einsatz erfolgt als Tee, Sud oder als Kaltauszug, dazu werden die Pflanzenteile für längere Zeit in kaltes Wasser gelegt. Die Wirkung dieser Mittel ist in erster Linie organbezogen.
Die Spagyrik ist eine Weiterentwicklung der Pflanzenheilkunde, bei der die Gesamtpflanzen alkoholisch und wäßrig gelöst werden. Die Urtinktur, eine Mischung aus alkoholischer und wäßriger Lösung, enthält die Gesamtcharakteristik der Pflanze. Auf dieser Basis werden viele Heilmittel hergestellt.
Die Homöopathie verwendet pflanzliche, mineralische und tierische Substanzen, die in Alkohol gelöst und zur Tropfenform oder mit Milchzucker zu Tabletten, Kügelchen, Pulver und Zäpfchen

verarbeitet werden. Diese Ausgangsmittel werden dann durch Schütteln verdünnt, und zwar so, daß teilweise nur noch die energetischen Informationen des Ausgangsstoffes in der Arznei vorhanden sind, aber keine mathematisch oder chemisch nachweisbaren Inhaltsstoffe. Es gibt verschiedene Verdünnungsstufen, je nachdem, wie oft zwischen den einzelnen Phasen geschüttelt wurde.

Die Wirkung der Homöopathie beruht darauf, daß jedes Arzneimittel in der Lage ist, am gesunden Patienten bestimmte Symptome hervorzurufen. Diese Symptome einer Krankheit können dann durch die Verabreichung eines Mittels mit ähnlicher Symptomwirkung geheilt werden.

Die Anwendung der Homöopathie in der Praxis ist sehr schwierig, weil man das Symptomenbild der einzelnen Stoffe erst einmal kennen muß, um es dann auf den jeweiligen Symptomenzustand des kranken Patienten anzuwenden. Geht es zum Beispiel um die Besserung eines Schnupfens bei Kälte, muß man den Typ und das Verhalten des Tieres bei der Arzneimittelwahl mit berücksichtigen.

Sämtliche Versuche mit Homöopathika wurden vorab am gesunden Menschen erprobt. Die Erkenntnisse daraus sind bei der Behandlung von Tieren weitgehend anwendbar.

Als eine »kleine Homöopathie« wird die Biochemie nach Dr. Schüßler bezeichnet. Dabei werden 11 Salze verwendet. Diese Salze kommen in jedem Körpergewebe vor, entfalten aber wie die homöopathischen Mittel in hoher Verdünnung eine tiefgreifende, umstimmende Wirkung. Diese Wirkung ist aber immer an einen bestimmten Konstitutionstyp gebunden.

Sauerstoffanreichung im Blut und Anregung des Stoffwechsels

Bei normaler Atmung werden nur etwa 5 % des Sauerstoffs echt verarbeitet, die restlichen 95 % gehen als Reibungsverluste verloren. Über die Ozontherapie und die HOT wird dem Blut Sauerstoff direkt zugeführt. Es erfolgen eine erhöhte Sauerstoffaufnah-

me und eine Verbesserung des Sauerstoffaustauschs; der Zellstoffwechsel erhält Impulse, Schadstoffe werden abgebaut. Bei Hochleistungspferden konnte mit diesen Methoden die Dauerleistung erheblich gesteigert werden. Bedeutung haben diese Methoden auch bei der Dämpfigkeitsbehandlung und bei der Therapie von Krebs. Ozonisiertes Wasser und Olivenöl finden bei der Wundbehandlung Anwendung.
Bei schweren Verletzungen, Vergiftungen und Verbrennungen, bei Mangelkrankheiten, vorzeitiger Alterung und massivem Bakterienbefall sind von außen zugeführte Enzyme hilfreich. Enzyme werden in jeder Zelle produziert und sind Steuermechanismen für die biochemischen Vorgänge im Körper. Die Verwendung von Enzymen ist so alt wie die Menschheit; sie dienen unter anderem auch zur Herstellung von Wein, Bier und Käse.

Zelltherapie

Zur Anregung des Stoffwechsels dient die Zelltherapie mit Frisch-, Trocken- oder Gefrierzellen. Diese Zellpräparate und Organextrakte haben eine sehr hohe Organspezifität. Sie wirken in den Zentren der vegetativen Steuerung, vor allem im Zwischenhirn und den Hirnanhangdrüsen. Ihre Mehrfachwirkung ähnelt der Thymusdrüse, die mit Beendigung der Wachstumsphase langsam ihre Tätigkeit einstellt und bei Erreichen der Lebensmitte nicht mehr funktionsfähig ist.

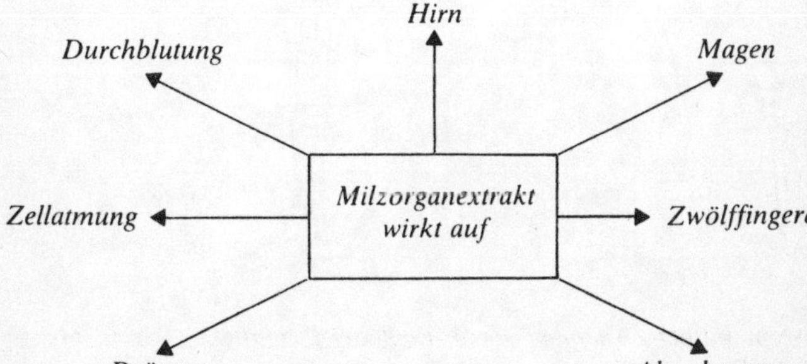

Die Organextrakte haben im Empfängerorganismus die Funktion von Bausteinen. Verabreicht man Herzzellen, werden beim Empfänger in erster Linie die Herzleistung und die Herzmuskeln unterstützt. Andere Organextrakte wirken breitgestreuter. Organextrakte werden häufig bei Sportverletzungen, wie Muskelzerrungen und Muskelrisse, bei Allergien und zur Steigerung der Kondition, bei Verbrauchs- und Abnützungserscheinungen, bei vorzeitiger Alterung und in der Krebstherapie angewendet.

Akupunktur

Die Akupunktur ist eine der ältesten bekannten Therapieformen der Welt. Sie kommt aus China und basiert auf der Vorstellung, daß 2 Kräfte in einem dynamischen Gleichgewichtsverhältnis zu-

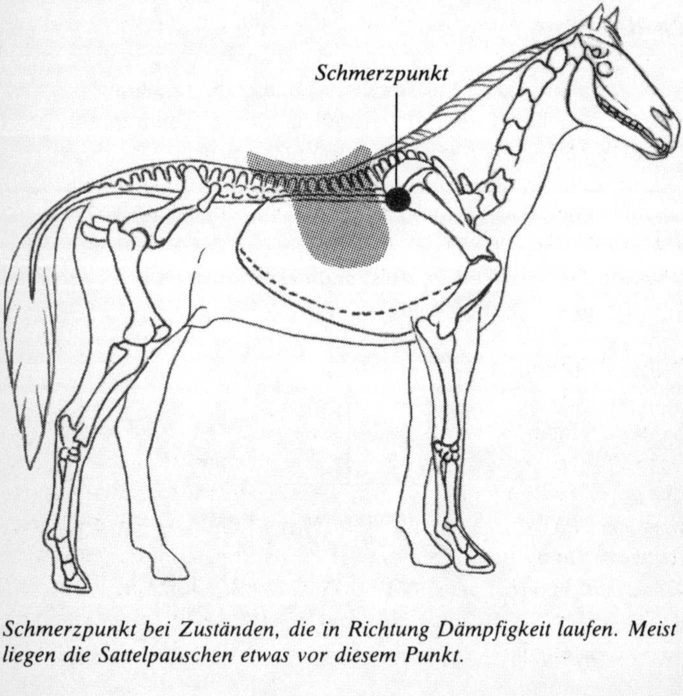

Schmerzpunkt bei Zuständen, die in Richtung Dämpfigkeit laufen. Meist liegen die Sattelpauschen etwas vor diesem Punkt.

einander stehen. In China nannte man diese Kräfte Yin und Yang. Stehen beide im Gleichgewicht, ist der Organismus gesund. Gewinnt eine Kraft das Übergewicht, kommt es zu Energieflußstörungen. In einem Bereich des Körpers gibt es einen Füllezustand, im anderen Teil ist ein Leerezustand eingetreten. Es kann aber kein isolierter Krankheitsprozeß bestehen, da alle Funktionskreise des Körpers in gegenseitiger Abhängigkeit miteinander verbunden sind.
Die Chinesen erkannten, daß gewisse Punkte an verschiedenen Körperstellen immer wieder auf das gleiche Organ oder Organsystem Bezug nehmen, also bei bestimmten Krankheitszuständen immer wieder die gleichen Hautstellen schmerzhaft waren. Durch Reizung, zum Beispiel durch Einstechen von Nadeln in diese Punkte, konnte der krankhafte Zustand gelindert oder sogar behoben werden. Diese Akupunkturpunkte liegen alle auf festgelegten Bahnen, den Meridianen.
Beim Pferd wird die Akupunktur bei Lahmheit, Koliken und Erkrankungen von Kreislauf- und Atmungsorganen eingesetzt.

Akupressur

Sie beruht in ihren wesentlichen Teilen auf den Erkenntnissen der Akupunktur. Hier werden die Punkte aber nicht genadelt, sondern mit den Fingern gedrückt und massiert.

Neuraltherapie

Viele Erkrankungen innerer Organe zeigen Auswirkungen, wie Schwellungen und Schmerzen in bestimmten Hautabschnitten, die über Nervenbahnen mit inneren Organen in Verbindung stehen, diese Verbindungen heißen Head-Zonen. Über diese Reflexwege kann durch Therapie der Head-Zonen auf das erkrankte Organ ein Heilreiz ausgeübt werden. Die Methode ist besonders dafür geeignet, Störfelder bei Behinderungen durch Narbenzug zu beseitigen. Die Neuraltherapie wird oft mit der Akupunktur gekoppelt, dabei werden in Akupunkturpunkte Mittel der Neuraltherapie, wie Procain, gespritzt.

Wassertherapie

Sie wird in der Tierheilkunde relativ selten angewendet. Aber wegen ihrer günstigen Wirkung auf die Haut und ihre Gefäße und indirekt über die Head-Zonen auch auf die inneren Organe muß sie hier erwähnt werden. Wasser kann auf verschiedene Weise angewendet werden, als Guß, Wickel, Auflagen, Kompressen, Dampfbad, Einlauf oder Spülungen.

Aderlaß

Ein sehr altes, heute nur noch selten angewendetes Verfahren ist der Aderlaß. Er kann in verschiedenen Situationen angebracht erscheinen, zum Beispiel bei hochakuter Stauungslunge, wenn die schwache Pumpleistung der linken Herzkammern einen Blutstau in der Lunge verursacht. Der Körper muß dann mehr Blut bilden, die Blutqualität steigern und die gestörte Ordnung im Regelsystem einpendeln. Nach Aderlässen können verstärkte Harn- und Schweißausbrüche auftreten, das sind Zeichen dafür, daß viele Giftstoffe den Körper verlassen.

Eigenblut- und Eigenharnbehandlung

Sie gehören in die Gruppe der Reizkörpertherapien. In beiden Fällen wird Blut oder Harn dem Pferd eingespritzt, wodurch die körpereigene Abwehr stark aktiviert wird. Beide Verfahren finden besonders bei Hautkrankheiten, Infektionskrankheiten und dampfähnlichen Zuständen Anwendung. Mit der Eigenblutbehandlung wurden häufig schon viele Sommerekzeme gebessert.
Zur Eigenblutbehandlung zählen auch die homöopathische Aufbereitung von Patientenblut zur Einnahme und die Mutterblutimpfung von neugeborenen Fohlen.

Magnetfeldtherapie

Sie wird in der Regel als Zusatztherapie angewendet mit dem Ziel, die Heilwirkung einer anderen Therapie zu verbessern. Es wird die Sauerstoffaufnahme des Gewebes erhöht, Durchblutungsstörungen verschwinden.
Die Magnetfeldtherapie ist für alle akuten und entzündlichen sowie chronischen und abbauenden Krankheiten geeignet, sie wirkt bei Tieren wesentlich schneller als bei Menschen. Besonders bewährt hat sie sich im Bereich von Erkrankungen des Skelettsystems und zur Nachbehandlung bei Operationen. Bei der Behandlung entstehen keine Gewebserwärmungen.

Linda-Tellington-Methode

Die Linda-Tellington-Methode gehört heute zwar noch nicht in die Reihe der Naturheilverfahren, muß aber unbedingt erwähnt werden. Sie umfaßt die Psychologie, Massage, Akupressur, Akupunktmassage sowie die Erziehung und Ausbildung des Pferdes. Im Mittelpunkt steht dabei immer ein zufriedenes, in sich ausgeglichenes Pferd, bei dem der angeborene Fluchtinstinkt überwunden und durch Vertrauen ersetzt wurde. Die Methode will gutartige, verläßliche und in ihrem Verhalten dem Menschen zugeneigte Pferde heranziehen und Problempferde wieder zu handlichen Begleitern machen. Dabei wird vor allem auch den falschen Belastungen des Skeletts vorgebeugt, und vorhandene Verspannungen und Fehlhaltungen werden abgebaut.

Arzneimittel

Alle Mittel, bei denen Angaben über Potenzen, Menge und Gabefolgen fehlen, müssen den nachfolgenden Regeln entsprechend verabreicht werden. Die genannten Präparate sind lediglich Therapiemöglichkeiten. Naturheilkundliche Mittel gibt es in Apotheken und Reformhäusern, Heilpflanzen auch in Drogerien.

Homöopathische Mittel und Potenzen

Homöopathische Mittel werden in verschiedenen Verdünnungsstufen angeboten. Welche Potenzen man einsetzt, richtet sich immer nach der Art der Arznei. Grundsätzlich gilt folgende Einteilung:

Mittel aus	**notwendige Potenz**
Pflanzen	tief oder hoch
Mineralsalzen	mittel bis hoch
Metallen	hoch
Tiergiften	hoch

Tiefe Potenzen wirken kurz, hohe Potenzen länger. Die Gabe einer höheren Potenz darf nicht wiederholt werden, solange noch Anzeichen der ersten Einnahme beobachtet werden. Eine Hochpotenz wirkt, wenn das Krankheitsbild dem Arzneimittelbild sehr ähnlich ist, meist rascher, tiefgreifender und nachhaltiger. Sie strahlt auch auf den seelischen Bereich aus. Ein altes Tier reagiert auf das gleiche homöopathische Mittel sensibler, also kräftiger als ein junges Tier.

Bei mittleren Potenzen kann die Besserung der Krankheitssymptome am einfachsten beobachtet werden. Es gelten diese Abgrenzungen:

tief	Urtinktur, D1–D5
mittel	D6–D30
höher	über D30 und die C-Potenzen bis C30
hoch	Potenzen über C30, sie dürfen nur vom Fachmann verabreicht werden.

Die Gabenfolge der Arzneimittel ist abhängig vom Charakter der Krankheit und der Reaktionslage des Körpers:

hochakute Zustände	D30 und höher, kann alle 15 Minuten erforderlich sein (nicht mehr als 4 Gaben).
akute Zustände	niedrige Potenzen, wie D1–D6, etwa 6mal täglich bis halbstündlich. Die Wirkung tritt schnell ein, hält aber nicht lange vor.
akute Zustände mit heftigen Schmerzen	bis D6, häufige Gaben in Abständen von 15–20 Minuten. Eine Besserung muß spätestens nach 2 Stunden eintreten, sonst ist ein Arzneiwechsel notwendig.
weniger akute Zustände	1- bis 3mal täglich mittlere Potenzen, wie D6–D12.
chronische Zustände	seltene Gabe hoher Potenzen, wie D30 und höher, 2mal in der Woche. Damit werden gestörte Regulationsmechanismen des gesamten Körpers und die Konstitution des Tieres angesprochen.
psychische Zustände	1mal in der Woche D30 und höher, eventuell nur eine einmalige Gabe einer

	Hochpotenz mit Langzeitwirkung. Das Mittel ist geeignet, wenn die Sinnesorgane zentral irritiert sind, zum Beispiel bei Psychosen, schlechten Charaktereigenschaften und Bösartigkeit.
lokale oder durch Gift verursachte Erkrankungen	niedrige Potenzen bis D6, eine rein organotrope Beziehung ist bis D12 vorhanden.

Reizlagen des Körpers:	*Potenzen*
überschießende Reaktionen, wie Allergien und Entzündungen	tiefe Potenzen
schwache, erschlaffte Reaktionen	hohe Potenzen
Schädigungen, die von außen den Organismus beeinträchtigen	nicht über D15

Verabreichungsmengen

Ein Pferd bekommt 15–20 Tropfen auf Brot oder in die Maulschleimhaut eingerieben. Die Wirkung über die Maulschleimhaut ist am intensivsten. Für je 5 Tropfen kann man auch 1 Tablette oder 2–3 Kügelchen geben. In Zweifelsfällen ist die Injektion durch einen sachkundigen Behandler angezeigt. Die Arzneigaben werden bis zur Besserung verabreicht, dann werden die Mengen reduziert.

Bei Besserungen des Krankheitsbildes richten sich die Gaben immer nach dem Zustand:

vorübergehende Besserung	Wechsel zu höherer Potenz.
allmähliche Besserung	gleiches Medikament in höherer Potenz
Besserung der Intensität	eventuell ein Reaktionsmittel dazwischenschalten.
Besserung der Krankheitserscheinungen, Häufigkeit	die Konstitution muß mehr berücksichtigt werden! Das bedeutet entweder höhere Potenz oder ein anderes Mittel.

Manchmal ist es notwendig, Reaktions- und Zwischenmittel einzusetzen, zum Beispiel bei chronischen Krankheiten. Solche Mittel sind zum Beispiel Echinacea, Sulfur.

Ausschleichen von Arzneigaben

Dosierung:

nach 7 Tagen	1 Tag arzneifrei
nach 6 Tagen	2 Tage arzneifrei
nach 5 Tagen	3 Tage arzneifrei
nach 4 Tagen	4 Tage arzneifrei
nach 3 Tagen	5 Tage arzneifrei
nach 2 Tagen	6 Tage arzneifrei
nach 1 Tag	7 Tage arzneifrei

Die Tabelle gilt nur, wenn die Arzneimittel täglich genommen werden. Bei Arzneigaben im 2- oder 3-Tages-Rhythmus erhöhen sich die Abstände entsprechend.

Komplexmittel

Sie enthalten meistens auf ein bestimmtes Krankheitsbild abgestimmte homöopathische Mittel und werden verabreicht, wenn keine für den Einsatz von homöopathischen Einzelmitteln geeigneten Symptome vorliegen.

Einschütten von Tees und Flüssigkeiten

Flüssige Medikamente aus Flaschen dürfen nur mit großer Vorsicht eingegeben werden. Dabei muß der Kopf des Pferdes wegen der Verschluckungsgefahr horizontal gehalten werden. In ungünstigen Fällen kann Flüssigkeit in die Lunge gelangen. Nimmt das Pferd Medikamente und Tees nicht als Trank auf, sollte ein sachkundiger Behandler mit der Nasenschlundsonde arbeiten.

Cortisonalternativen

Die besondere Wirkung des Cortisons liegt in seinen entzündungshemmenden Eigenschaften. Sie sind anfangs sehr intensiv, lassen nach 24 Stunden aber deutlich nach. Ähnliche Wirkungen zeigt **Apis D30**, es setzt jedoch milder ein und ist therapeutisch wesentlich länger aktiv.
Weitere Nachteile von Cortison sind der sehr starke Durst, den die Tiere nach der Verabreichung entwickeln, und die Gefahr von Blockaden.
Cortison und homöopathische Mittel dürfen nicht gleichzeitig gegeben werden, da das Cortison die Anstrengungen des Körpers behindert, sich selbst in den Heilungsprozeß einzuschalten. Ein gesetzter Cortisonblock läßt sich mit **Conium D3** abbauen.

Antibiotikaalternativen

Durch Antibiotika werden Krankheiten nicht ausgeheilt, sondern eingeheilt; auch das führt zu einer Blockade im Abwehrsystem. Ein Abbau von Antibiotika ist praktisch nicht möglich, Folgezustände können aber mit **Sulfur D12** reduziert werden. Ist bei der Behandlung eine antibiotische Wirkung erforderlich, kann dies

mit **Aristolochia clematis D3, Pyrogenium D12–D15** oder **Echinacea D3–D6** erreicht werden.
Der antispetische Effekt kommt bei den homöopatischen Mitteln durch eine starke Leukozytenvermehrung zustande. Ein weiterer Vorteil dieser Mittel ist, daß sie den venösen Teil des Blutkreislaufs nicht blockieren.

Herde, Störfelder, Blockaden

Das sind Gewebeveränderungen, von denen eine störende Fernwirkung ausgeht, zum Beispiel von Narben, durch Arzneimittelmißbrauch und durch Eiterherde. Diese störenden Faktoren können durch eine vorbeugende naturheilkundliche Therapie verhindert werden.

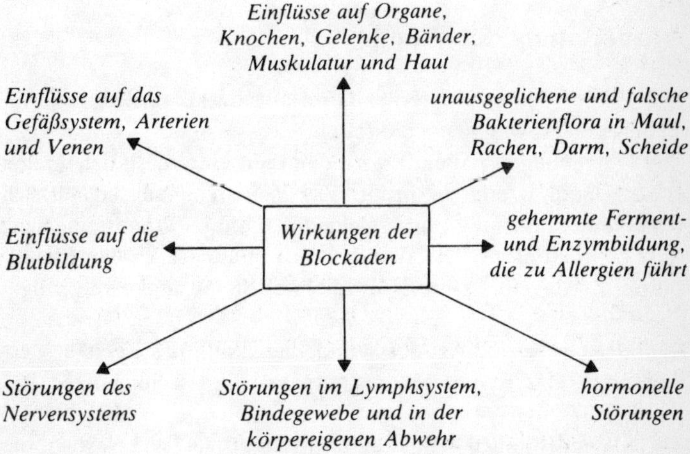

Wundversorgung, Wickel und Verbände

Wunden sind Schädigungen von Gewebe. Sie zeigen immer 4 kennzeichnende Eigenschaften: Schmerzen, Blutungen, klaffende Geweberänder und Schwellungen. Mit der umsichtigen Wundversorgung wird die Lebens- und Abwehrkraft des Gewebes erhalten, störende Einflüsse auf die Wunde werden vermieden. Nur so können die natürlichen Heilungsvorgänge ungestört ablaufen.

Vorbereitung der Wunde

Die Wunde sollte mit steriler Gaze abgedeckt werden, ein Abspülen und Abwaschen wäre falsch.
Die Umgebung der Wunde wird dann mit einer desinfizierenden Lösung betupft oder besprüht. Zur Wundreinigung eignen sich Kamillentee, Arnika- und Calendulatinktur, Wundsteinessenz und Klausantinktur. Die Wunde selbst muß nach großen Fremdkörpern, wie Holzsplitter, Grashalme, Steine und Erde, abgesucht werden.
Von der Größe und Art der Wunde hängt ab, ob sie genäht werden muß. Das ist immer die Aufgabe eines sachkundigen Behandlers.
Viele Wunden, auch kleine, hinterlassen oft häßliche Narben, die sich beim Verkauf des Tieres erlösmindernd auswirken können. Schlecht verheilte Narben sind zudem große Störfelder, die oft die Gesundheit der Tiere beeinträchtigen.

Maßnahmen zur Blutstillung

Als erste lebensrettende Maßnahme reicht oft schon der Druck mit einem Finger auf das blutende Gefäß. Besser ist natürlich ein Druckverband aus Gaze und Watte. Die darüberliegende Binde muß fest angelegt werden. Starke Blutungen lassen sich nur durch zentrales Abschnüren mit Riemen, Bändern oder einem Strick stoppen. Die Wirkung kann durch Unterlagen aus harten Gegenständen in der Gegend des Hauptgefäßes verstärkt werden.
Die Abschnürung darf nicht länger als 2–4 Stunden auf der Wunde liegen bleiben. Sie erfolgt beim Pferd in der Fesselbeuge, am Schienbein und oberhalb des Karpal- bzw. Sprunggelenks.

Wundheilung

Nach dem Stillstand der Blutung fließt Gewebsflüssigkeit aus der Wunde, sie wirkt ausspülend und reinigend. Danach bildet sich Wundschorf. In dem umliegenden Gewebe setzt eine Vermehrung der Zellen ein, es entsteht eine leuchtendrote Schicht aus Granulationsgewebe, das eine gute Abwehrkraft gegen Infektionserreger hat. Gleichzeitig wird das nicht lebensfähige Gewebe abgestoßen. Ein feines weißes Häutchen überzieht die Wunde. Darüber legt sich faseriges Narbengewebe, das eine erhebliche Verkleinerung der Wundoberfläche bewirkt.

Heilungskontrollen

Sind die Wunden versorgt, braucht man in den nächsten Tagen nur das Allgemeinbefinden des Tieres, die Temperatur und den Sitz des Verbandes kontrollieren. In den ersten Tagen ist die Wunde am empfindlichsten und auch am stärksten infektionsgefährdet. Kritisch sind der 3.–5. Tag. Ein Verbandswechsel sollte nur vorgenommen werden, wenn Schwellungen in der Wundumgebung, schlechte Belastung des erkrankten Beines oder Fieber auftreten, ansonsten höchstens jeden 2. Tag.

Störungen der Wundheilung führen zur erheblichen Verlängerung der Wiederherstellungszeit. Für die Wundbehandlung wird eine mechanische Reinigung mit warmer, 3%iger Wasserstoffperoxidlösung oder den vorgenannten Mitteln zur Wundreinigung empfohlen. Salben zur Anregung der Wundheilung dürfen erst aufgetragen werden, wenn die Wundsekretion nachgelassen hat. Sonnenlicht und ein stundenweises Offenhalten der Wunden unterstützen den Heilungsprozeß.

Wildes Fleisch

Es ähnelt pilzähnlichen Wucherungen um die Wunde, die vereitert und verkrustet sein kann. Manchmal tritt es wegen mangelnder Ruhigstellung auch in den Gelenkbeugen auf. Oft hilft **Silicea C30**, es kann jedoch ein operatives Abtragen durch einen sachkundigen Behandler notwendig werden. Überschießendes Narbengewebe beseitigt **Graphites C30**.

Verbände, Verbandmaterial und Technik

Verbände dienen der beschleunigten Wundheilung. Sie sind nicht angebracht bei starken Eiterungen, Stauungen im Wundbereich oder dort, wo ein Verband schlecht hält.
Watte: Sie darf nie direkt auf Wunden gelegt werden, da sie leicht zu Entzündungen und Eiterungen führt. Bei Salbenverbänden ist sie von Vorteil, da sie das darunterliegende Gewebe wärmt. Am besten wird sie aber nur zur Polsterung verwendet.
Zellstoff: Er kann anstelle von Watte verwendet werden, wirkt aber nicht so stark erwärmend.
Gaze: Mit Gaze werden Wunden abgedeckt. Besonders geeignet ist imprägnierte, nichtklebende Gaze; durch sie wird der Verbandswechsel schmerzloser, die Wunde wird nicht gereizt.
Mullbinden: Sie dienen für den äußeren Verband. Zur Befestigung empfehlen sich Isolierband oder Leukoplaststreifen. Darüber können besonders an den Beinen Schutzkappen oder ein übergestülpter Jutesack von Nutzen sein.

Über die Wundauflage muß man eine Polsterung legen. Ein gut sitzender Verband muß straff und exakt gewickelt werden. Zu lose angelegte Verbände rutschen, zu fest angelegte Verbände schnüren ab und können zu Störungen und sogar zu Gewerbszerstörungen führen.

Wickel und Umschläge

Bei Wickeln werden einzelnen Körperteilen feucht-nasse Leinentücher aufgelegt, darüber kommt ein luftdurchlässiges Zwischentuch. Es muß das nasse Tuch überdecken und über das folgende äußere Wollflanelltuch 2–3 cm hinausragen.
Wickel haben verschiedene Wirkungen. Ein naß-kalter Wickel wirkt wärmeentziehend, er muß oft gewechselt werden. Ein nasser, stark ausgewrungener Wickel wirkt wärmestauend und wird nach etwa 1 Stunde gewechselt. Bleibt dieser Wickel länger liegen, entwickelt er eine schweißtreibende Wirkung: das ist manchmal durchaus erwünscht. Heiße Wickel werden meist nur auf kleinen Flächen angewendet, sie bleiben so lange liegen, wie sie als warm empfunden werden.

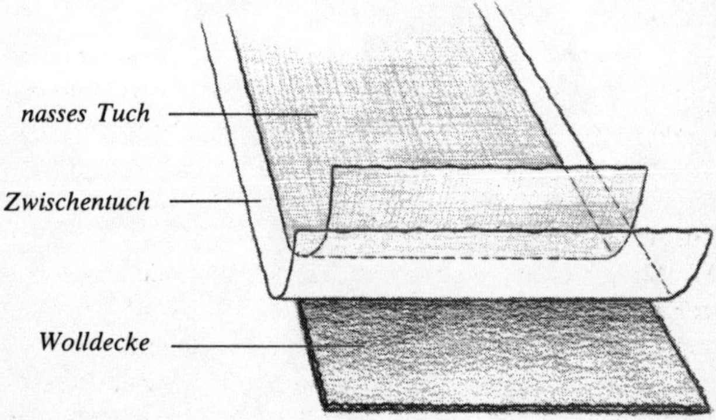

Das Zwischentuch muß an den Rändern über das nasse Tuch hinausragen, das Wolltuch wird vom Zwischentuch überragt.

Wickelregeln: Kalte Wickel dürfen nie an einem frierenden Patienten angelegt werden!
Mit dem heißen Wickel den Patienten nicht verbrühen!
Heiße Wickel dürfen höchstens 60 °C haben, da das Pferd eine sehr hitzeempfindliche Haut hat.
Kalte Wickel helfen bei fieberhaften Erkrankungen und örtlichen Entzündungen, bei Lymphgefäßentzündungen, Eiterungen, Gelenkergüssen und -entzündungen, Verstauchungen, Verrenkungen, Prellungen und Blutergüssen.
Heiße Wickel werden bei Gelenkversteifungen, rheumatischen Muskelveränderungen und Koliken gemacht.
Ein Wickel bewirkt immer eine Wärmestauung und führt so zu einer besseren Durchblutung der Haut. Die Wirkung ist um so intensiver, je kälter der Wickel angelegt wird. Diese Einwirkungen bedeuten: Schmerzstillung, Ableitung von Giftstoffen, Blut-

Nasser Brustwickel und feuchter Halsumschlag mit Nasenriemen und Sicherheitsnadeln befestigt.

gefäßerweiterung, Wundheilung. Ein Leibwickel hat zudem auch noch eine enorm beruhigende Wirkung.

Wickelzusätze

Kalte Wickel: Sie werden mit **Essigwasser**, Mischung 1:1, pulverisiertem **Lehm**, und zwar etwa 3–5 Handvoll in 2–3 l Wasser, oder aus verschiedenen Tees bereitet. Bei den Tees helfen **Heublumen** gegen Rheuma und Gelenkerkrankungen, **Haferstroh** gegen Rheuma und bei Hauterkrankungen, **Eichenrinde** bei Hauterkrankungen und Ekzemen, **Zinnkraut** bei Rheuma und Hauterkrankungen; **Senfmehl** schließlich dient der Entgiftung des Körpers über die Haut. Bei Bronchitis und Lungenentzündung hat sich der **Kochsalzwickel** bewährt, man nimmt 100 g Salz auf 5 l Wasser.
Abkochungen: Bei Heublumen und Zinnkraut werden 3–4 Handvoll, bei Haferstroh ein größeres Büschel, bei Eichenrinde 1 Handvoll jeweils auf 4–5 l Wasser ½ Stunde gekocht und dann durchgesiebt.

Auflagen und Säckchen

Hier sind Einlagen und eine Trockenumhüllung wie bei den Wickeln notwendig.
Kartoffelsack: Kartoffeln in der Schale kochen, in ein Leinensäckchen geben und den Inhalt zu Brei pressen. Die Anwendung erfolgt überall dort, wo intensive Hitze benötigt wird, so bei Druse und Koliken.
Heublumensack: Er wird über Dampf erhitzt und darf nicht heiß, sondern nur gut warm sein. Einsatz bei Katarrhen der oberen Luftwege, Rheuma und Gelenkbeschwerden.
Leinsamenauflage: Leinsamen wird unter stetem Rühren zu Brei gekocht, der Brei auf ein Tuch gegeben und aufgelegt. Die Auflage hilft bei Entzündungen und dient zur Furunkelreifung.

Umschläge, Packungen und Lösungen

Schmierseifenpackung: Geschwollene Drüsen werden mit gewöhnlicher gelber Schmierseife eingeseift und mit Wickeln gut eingepackt.

Lehmpackung: Sie kommt immer auf die unverletzte Haut! Man darf nur Heilerde verwenden, eventuell mit Essigzusatz. Kalte Packungen erfolgen bei Abszessen, Phlegmonen, Insektenstichen, juckenden Ekzemen und als Lehmwickel bei Schwellungen der Lymphdrüsen. Heiße Packungen werden bei chronischen Gelenkentzündungen und Nierenerkrankungen gemacht.

Leimverband: Eine Binde wird in Tischlerleim getaucht und das Gelenk umwickelt. Die Binde wird nach dem Erkalten fest und bleibt liegen, etwa bei Sehnenerkrankungen.

Beinwellumschlag: 100 g Beinwellwurzeln werden in 1 l Wasser 10 Minuten gekocht. Mit dem Sud wird der Umschlag gemacht; im Handel ist die Wurzel als Kytta-Plasma erhältlich. Sie hilft bei Knochenverletzungen und Knochenauftreibungen.

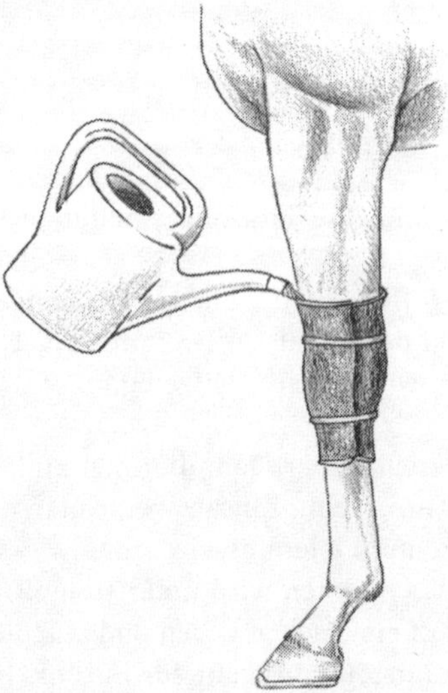

Angießen eines Umschlags.

Lehmanstrich: Töpferlehm wird mit essigsaurer Tonerde, etwa 1 Eßlöffel auf ½ l Wasser, gemischt.

Prießnitzumschlag: Ein in kaltes Wasser getauchtes, zusammengelegtes Leinentuch wird beispielsweise um eine kranke Schulter gewickelt. Darüber kommt eine Wolldecke, dann ein Umschlag. Der Umschlag wird täglich 2- bis 3mal erneuert.

Seifenlösung: 100 g Schmierseife werden in 1 l warmes Wasser gegeben.

Essigsaure Tonerde: 1–2 Eßlöffel mit 1 l Wasser verdünnen.

Acetatanstrich: Dieses Fertigpräparat wirkt wie ein Lehmanstrich.

Essigsaure-Tonerde-Salbe: Heilerde, Obstessig 10 %, Schweinefett und 1 Messerspitze Salz, gemischt.

Einreibungen und Inhalationen

Sie werden meistens aus alkoholischen Zubereitungen mit Heilpflanzen gemacht. Neben den bereits genannten Mitteln sind 2 weitere Einreibungsmittel zur Selbstherstellung geeignet.
Gegen *Gliederschmerzen:* 20 g Arnika, 10 g Beinwellwurzeln, 30 g Thymian, 30 g Föhrensprossen, 10 g Silbermantel mischen und mit 70%igem Alkohol versetzen. 14 Tage stehen lassen und absieben.
Bei *Muskelschmerzen:* 5 ml Perubalsam mit je 1 ml Öl von Lavendel, Nelke, Zimt, Zitrone, Thymian und Macis versetzen und 200 ml Spiritus dazugeben.
Als fertige Präparate haben sich bewährt: **Restitutionsfluid von Schaette, Fluid blau von Iso** und **Traumeel**. Vor dem Einreiben müssen die Stellen mit warmem Wasser gewaschen werden, damit sich die Hautporen öffnen.

Entzündete Gelenke

Neben den vorgenannten Fertigpräparaten eignen sich **Arnikasalbe, Kampfer-Lorbeer-Salbe, Klausansalbe, Oliven-Eukalyptus-Öl** und **Wacholderöl** zur Behandlung. Das Gelenk muß immer vorsichtig massiert werden.
Heilsam ist auch ein Breiumschlag mit **Bockshornkleesamen**.
Zum Austrocknen dienen **Zinkpaste** und **Klausanpaste**.

Inhalationen und Dämpfe

Meistens werden hier schleim- und krampflösende sowie entzündungshemmende Arzneistoffe eingesetzt, die die oberen Atemwege erreichen sollen.
Für die Inhalationen werden in einen Eimer mit warmem Wasser oder Tee heiße Ziegelsteine gelegt. Damit die aufsteigenden Dämpfe nicht verfliegen, legt man eine Decke über den Pferdekopf und den Kübel. Während des Einatmens der Dämpfe muß immer eine Person beim Patienten sein, damit er nicht in Panik gerät.
Tees als Trank, Einschütt oder zur Inhalation:
Bei akuten Katarrhen: **Gundelrebe.**
Bei Reizhusten: **Anis, Bibernellwurzel, Haferstroh, Schafgarbe.**
Bei Bronchitis: **Engelsüßwurz, Eukalyptusblätter, Lindenblüten.**
Bei chronischer Bronchitis: **Ehrenpreis, Eisenkraut, Schafgarbe.**
Bei Dämpfigkeit: **Grindeliakraut.**
Nach dem Dampf muß man die Nüstern mit einem Gemisch aus zerhacktem Quendel und 50 g Vaseline einstreichen.

Infektionen und Impfungen

Krankheitserreger und Schädlinge

In der Umgebung von Mensch und Tier leben viele Kleinlebewesen, z. B. Viren, Bakterien, Insekten, Zecken, Milben und Würmer. Die meisten dieser Kleinlebewesen sind für Pferde unschädlich, höchstens lästig. Eine Reihe von ihnen wirkt aber bei geschwächter Abwehrlage krankheitserregend, oder sie sind Träger von Krankheitserregern.

Übertragung von Krankheitserregern

Lebende Krankheitserreger werden mit dem Futter oder mit dem Trinkwasser aufgenommen, mit Luftstaub oder feinsten Schwebetröpfchen eingeatmet; es gibt auch eine Infektion von Tier zu Tier. Meistens stammen die Krankheitserreger von einem kranken Pferd. Angesteckte Tiere können Krankheitskeime ausscheiden, bevor sie selbst sichtbar krank werden, oder nach überstandener Krankheit, wenn sie auf dem Weg der Besserung sind. Das bedeutet, daß auch mit sichtbar gesund eingestellten Tieren Krankheitserreger eingeschleppt werden können.

Natürliche Abwehrkräfte

Jedes Lebewesen besitzt eine natürliche Widerstandskraft gegen Krankheiten und Infektionen, die teilweise durch Erbfaktoren gesteuert wird und in nicht geringem Maß auch züchterisch beein-

flußbar ist. Diese Resistenz kann alle Stärken aufweisen. Sie ist unspezifisch, also nicht auf einen bestimmten Kranheitserreger ausgerichtet.
Die natürliche Resistenz bei Fohlen wird durch die Kolostralmilch erheblich verbessert, und unter diesem Schutz überstehen die Fohlen meist die in der Herde unbemerkt vorhandenen Ansteckungen. Die über die Kolostralmilch gesetzte Immunität reicht etwa 4–6 Monate. Zusätzlich wird über das Immunsystem des wachsenden Fohlens die Abwehrlage verbessert.
Andere Formen der natürlichen Immunität werden durch das Überstehen einer Infektionskrankheit oder durch die sogenannte »stille Freiung« erworben. Letztere kommt durch öfteren Kontakt mit Krankheitserregern in geringer Menge zustande. Ein Krankheitsbild entsteht hierbei nicht. Es bilden sich aber Schutzstoffe, die im Gewebe, im Blut und in der Kolostralmilch nachweisbar sind. Festigkeit und Dauer des Schutzes sind je nach Krankheit verschieden, aber immer nur gegen die gleiche Krankheit wirksam.
Falls keine natürliche Immunität vorhanden ist, muß geimpft werden. Eine Schutzimpfung besteht immer darin, daß man durch Einspritzen abgeschwächter oder abgetöteter Krankheitserreger ohne Erkrankung einen Schutz erzielt. Impfen heißt also immer aktive oder passive Immunität.
Eine unzureichende Immunität kann einen schleichenden, immer wiederkehrenden oder chronischen Krankheitsverlauf bewirken. Die ungenügende Immunität ist in der Regel stets vorhanden bei einer Schädigung des blutbildenden Systems, bei großen Verlusten von körpereigenem Eiweiß und bei Nieren- und Darmkrankheiten.

Körpereigene Abwehrsysteme

Der Körper verteidigt sich gegen Krankheitserreger wie Viren und Bakterien, gegen entartete Eiweiße und kranke Körperzellen mit einem Abwehrsystem, in dem körperfremde Stoffe durch Freßzellen verdaut oder durch eine Antigen-Antikörper-Reak-

tion unschädlich gebunden werden. Das Abwehrsystem funktioniert hervorragend, wenn genügend Freßzellen und Antikörper gebildet werden. Mit zunehmendem Alter und durch Erkrankungen kann eine Abwehrschwäche eintreten. Der Einsatz homöopathischer Mittel stärkt das Abwehrsystem.
Die Abwehr kann auch durch Futterzusätze gesteigert werden. In der Homöopathie empfehlen sich besonders **Engystol** und **Echinacea**. Zusammen eignen sie sich besonders in Verbindung mit einer Eigenblutbehandlung.

Impfungen

In den Körper eingedrungene Krankheitserreger kurbeln die Bildung von Abwehrstoffen an, die körperfremde Stoffe bekämpfen und beseitigen. Eine aktive Impfung wirkt immer erst nach etwa 4 Wochen, sie hält aber ungefähr 1 Jahr lang an. Die *passive Impfung* wirkt sofort, weil fertige Abwehrstoffe eingebracht werden, sie hält aber nur kurz (4–6 Wochen) an und wird in der Regel bei schon vorliegenden Krankheiten oder bei Krankheitsverdacht angewendet.
Nur gesunde Tiere dürfen geimpft werden. Bei tragenden Tieren besteht unter Umständen die Gefahr des Verfohlens.
Nach dem Impfen müssen die Tiere geschont werden, Vorsicht vor Infektionen, besonders vor Erkältungen und Nässe. Eine Impfung ist immer eine erhebliche Belastung für die Tiere.

Schutzimpfungen

2 Pflichtimpfungen kommen dabei in Betracht, und zwar gegen Wundstarrkrampf und gegen Tollwut. Daneben kann im Einzelfall die Impfung gegen Grippe, seuchenhaftes Verfohlen der Stuten und Fohlenlähme bei neugeborenen Fohlen sinnvoll sein, wenn der Bestand befallen ist. Ein allgemeiner Impfschutz dagegen ist nicht notwendig, wenn die körpereigene Abwehr genügend ausgeprägt ist.
Impfungen werden nur von Tierärzten vorgenommen!

Tetanus

Dieser Wundstarrkrampf ist eine Wundinfektion, immer lebensbedrohend! Die Erscheinungen treten 4–28 Tage nach der Infektion auf. Hauptsymptome sind Muskelkrämpfe, die sich in folgender Reihenfolge ausbreiten: Kopf-, Gesicht- und Kaumuskulatur, Steifigkeit der Nacken- und Rückenmuskulatur und manchmal ein Einziehen der Bauchdecke. Daneben zeigen die Tiere eine gestreckt-steife Körperhaltung, seitliche Schweifhaltung, die Beine sind weit auseinandergestellt; es gibt kein Ohrenspiel, die Muskeln sind bretthart, dazu kommt eine ausgeprägte Schreckhaftigkeit. Zeigen sich solche Symptome, dann sollten die Patienten in einem ruhigen, abgedunkelten Raum gebracht und der Tierarzt muß gerufen werden. Zu den Ursachen zählen kleine Verletzungen durch Holzsplitter, Vernagelungen, Gabelstiche und Schurverletzungen, in die der Tetanuserreger eintreten kann. Der Tetanusbazillus kommt auch im Darm vor, also kann Wundstarrkrampf auch bei inneren Verletzungen entstehen.

Der Bazillus bleibt in der Verletzung liegen, seine giftigen Abfallprodukte wandern entlang der Lymph- und Nervenbahnen zum Zentralnervensystem. Die normale Funktion der Nerven wird gestört. Die Symptome wechseln je nach Menge der gestreuten Toxine.

Vorbeugen kann man durch Sauberkeit und Hygiene im Stall, ordentliche Stall- und Weideeinrichtungen und mit umsichtiger Handhabung der Mistgabel. Bei Verletzungen muß immer eine einwandfreie Wundversorgung durchgeführt werden.

Am besten ist eine Schutzimpfung mit einer Auffrischungsimpfung nach 1 Jahr. Die Schutzimpfung dürfte zeitlebens vor Tetanus schützen. Liegt sie 5–6 Jahre zurück, genügt bei Verletzungen die Gabe eines sogenannten **Boosters**. Ist der Patient nicht aktiv immunisiert, muß bei Verletzungen eine passive Impfung mit Hochimmunserum vorgenommen werden. Es ist ratsam, in solchen Fällen die aktive Impfung zusammen mit der passiven einzuleiten.

Tollwut

Der Tollwutvirus wird durch den Biß eines tollwütigen Tieres, bei uns insbesondere durch Füchse, Dachse, Hunde und Katzen, übertragen. Bis zum Ausbruch der Krankheit können bis zu 3 Monate vergehen. Kranke Tiere zeigen oft ein struppiges Fell, manchmal fällt auch ein erhöhter Speichelfluß auf. Die Tiere sind besonders zutraulich und zahm, vor allem Wildtiere. Im Erregungsstadium entwickeln sie eine rasende Wut, sind aggressiv; selbst Pflanzenfresser wie Rinder können dann beißen. Achtung, der Speichel ist infektiös! Die Erreger gelangen auf dem Nervenweg über das Rückenmark zum Gehirn.
Symptome sind Schreckhaftigkeit, zunehmende Unruhe, deutliche Aggressivität bis Raserei, Scheuern und Nagen an den Bißwunden und starke Berührungsempfindlichkeit, quälender Durst, Schlingmuskelkrämpfe beim Wassertrinken, Muskelkrämpfe.
Bei Tollwutverdacht müssen die Tiere sofort isoliert und dem Amtstierarzt gemeldet werden.
Vorbeugen: Schutzimpfung aller Pferde und der im Stall befindlichen Hunde und Katzen. Bei Tollwut oder Tollwutverdacht ist auch eine vorbeugende Schutzimpfung des Stallpersonals, der Stallbesucher und aller mitgebrachten Tiere erforderlich.

Fohlenlähme

Viele Züchter und Veterinäre lehnen eine Schutzimpfung gegen Fohlenläme ab. Sie sind der Ansicht, gegen die Vielzahl der möglichen Erreger könne kein ausreichender Schutz aufgebaut werden, zumal ein Teil der Erreger in der normalen Pferdeumgebung vorkommt.
Am wichtigsten ist dabei die körpereigene Abwehr der tragenden Stute und die des neugeborenen Fohlens. Es gilt: Abfohlbox desinfizieren, viel Frischluft und Licht in den Stall lassen, Kontrolle der Hygieneverhältnisse, tägliches Säubern des Stuteneuters, ausreichende Versorgung der Stute mit Karotin. Dieses ist die Vorstufe von Vitamin A und vermindert den Bakterienbefall.

Mittel bei akuten Verletzungen

Art der Verletzung	*mögliche Mittel*
Verletzungen aller Art, Druckschäden des Gewebes durch Festliegen	**Arnika D2–D4,** stündlich 15–20 Tropfen, später 2- bis 3mal täglich die gleiche Menge
Nervenverletzungen an den Hufen, Wunden durch Stiche, Splitter, Dornen, Nageltritte und Schnitte, Wunden am Kopf, gequetschte und zerrissene Wunden, auch wenn die Verbindung zum Körper nur noch mangelhaft ist, Verletzungen nach Stürzen	**Hypericum D1–D4**
Schnittwunden	**Staphysagria D6** oder **Ledum D3–D6**
frische Rißwunden, Quetschungen mit Gewebszerstörungen	**Calendula D1–D3**
Muskelrisse	Sie müssen immer genäht werden! Innerliche und äußerliche Behandlung mit **Arnika** und **Calendula,** je D2–D4
Verletzungen der äußeren Haut um den Huf und in Mitleidenschaft gezogene Sehnen und Bänder	**Aristolochiatinktur**

Art der Verletzung	*mögliche Mittel*
Verletzungen von Bändern, Sehnen und Gelenken	**Rhus tox. D4**
Verletzungen von Gelenken, Muskeln und Knochen nach Schlag, Überanstrengung, Verrenkung	**Ruta graveolens D2**
Verletzungen der Knochen	**Symphytum D2–D6**
Schürf-, Druck- und Quetschwunden durch mechanische Überbeanspruchung der Haut	**Arnika-** oder **Aristolochiasalbe,** innerlich **Arnika D2–D4,** eventuell auch **Hypericum D1–D4**
Verletzungen durch Schläge auf Gelenke und Knochen	**Hekla Lava D4**
Verdickungen bei kleinen Verletzungen	**Symphytum, Hekla Lava** oder **Viscum album,** je D2–D4
niedergebrochenes Pferd	**Rhus tox. D4** und **Bryonia D4**
Wunden mit drohender Blutvergiftung	**Pyrogenium D30**

Dosierungen: Tinkturen und Potenzen bis D6, täglich 3mal je 15 Tropfen. In hochakuten Fällen D30, täglich 1- bis 2mal. Äußerlich werden die Wunden mit warmen Auflagen behandelt aus Käslipappeln, mit feuchten Umschlägen aus Tausendgüldenkraut, mit Arnika- oder Aristolochiasalbe, Wacholderöl mit Schweinefett vermischt als Salbe oder mit einem Brei aus feinzerhackter Zwiebel mit Honig und Essig.

Blutungen

Frische, hellrote Blutungen	**Arnika D1–D4**
dunkle, gleichmäßig fließende Blutungen, Sickerblutungen	**Hamamelis D1–D4**

Blutergüsse und Quetschungen	**Capsella D1–D4** oder **Bellis perennis D2–D4**

Die *Dosierungen* entsprechen denen bei Verletzungen.

Entzündungen

Bei allen Entzündungen ist ein Aconitum wie **Belladonna** das erste Mittel.

jede kleine Verletzung entzündet sich	**Silicea D12,** 2mal täglich 15 Tropfen
entzündliche Veränderungen von Bändern, Sehnen und Gelenken	**Rhus tox. D4**
örtlich infektiöse Prozesse	**Lachesis D15** und **Pyrogenium D6**
massive Entzündungen	**Eigenblutbehandlung**
akute Entzündungen bei Infektionskrankheiten	**Ferrum phos. D12**
beginnende Entzündungen	**Aconitum** oder **Belladonna**
Entzündungen mit Schwellungen	über Nacht **Kyttaplasmaumschläge**, tagsüber andere Mittel
entzündungshemmendes Mittel	**Symphytum D4**
bei Geschwülsten	**Bryoniaöl** äußerlich
bei eitrigen Geschwüren	**Asa foetida D6**
bei chonischen Geschwüren an den Beinen	**Aristolochiasalbe**
zur Ausheilung von Entzündungen, offenen Abszessen und Vernarbungen	**Silicea D12–D30**
bei Resten alter Entzündungen	**Sulfur D30**
zur Ausheilung chronischer Entzündungen	**Silicea C30**

Dosierungen bis D6, 3mal täglich 15 Tropfen. Bei akuten Fällen bis D30, 1- bis 2mal täglich 15–20 Tropfen.

Ödeme und Schwellungen

Ödeme sind Flüssigkeitsansammlungen im Gewebe, sie lassen sich zu Dellen eindrücken und sind meistens mit großen lokalen Schmerzen, Fieber, schnellem Puls und Unruhe verbunden.

Beginnende Ödeme zeigen klare bis leicht getrübte, mit Blutspuren gemischte Absonderungen, zum Beispiel bei Konjunktivitis, Gingivitis, Vulvitis und bei Phlegmonen	**Apis D6**
Hellrote Ödeme der Mundschleimhaut sind mit stechenden Schmerzen, Abkühlung und Berührungsempfindlichkeit am Kopf verbunden	**Apis D4–D30**
Wundschwellungen	**Symphytum D3–D6**

Insektenstiche

Äußerlich wird frischer Zwiebelsaft draufgeträufelt, innerlich **Apis D4** stündlich 10–15 Tropfen, 3- bis 4mal hintereinander im Abstand ½ bis 1 Stunde.

Förderung der Wundheilung

Allgemein granulationsfördernde Mittel	**Arnika, Hamamelis, Symphytum D1–D6,** Bäder und Umschläge mit **Hypericum, Arnika, Calendula**
Mittel für Wundumschläge	**Salbei, Schafgarbe, Weidenrinde, Wermutabsud** als Tee
bei schlecht heilenden Wunden und Geschwüren	**Calendulasalbe, Leinkrautsalbe, Terpentinsalbe, Kamil-**

	lentee oder **Zinnkrauttee** als Umschlag, **Tarantula cubensis D6**
bei verzögerter Heilung durch schlechte Durchblutung und bei Narbengeschwüren	**Pyrogenium D30**
auf hart vernarbte Wunden	Umschläge mit Sud aus **grünen Walnußschalen**
schlecht heilende aber gut durchblutete Wunden, Sickerblutungen und stinkende Absonderungen	**Lachesis D8–D12**
schlecht heilende und schmierige Wunden, Blutergüsse	**Arnika D12–D30,** äußerlich **Arnikaumschläge**
schlecht heilende eitrige Wunden	**Pyrogenium D12, Lachesis D8**

Dosierungen wie bei den Entzündungen.

Brandwunden

Äußerlich hilft **Hypericumöl, Cantharisurtinktur** oder Alkohol. **Aristolochiasalbe** verhindert die Bildung von Brandblasen.

Abszesse, Sinus, Fisteln

Abszesse sind lokale, oberflächliche Eiterungen, Furunkel entstehen durch tiefersitzende Eiterungen an den Haarbälgen. Als *Sinus* wird ein Hohlraum bezeichnet, dessen schmerzunempfindliches Gewebe Eiter absondert, der über eine Fistel an die Hautoberfläche gelangt. Abszesse sind immer mit einer Schwellung verbunden. Tiefersitzende Eiterungen können mit fieberhaften Störungen des Allgemeinbefindens verbunden sein. Sinusse und Fisteln hängen häufig mit bestimmten Krankheiten zusammen, z. B. Genick- oder Widerristfistel und Phlegmonen. Eiterabsonderungen aus Fisteln riechen immer jauchig, sie können blutdurchzogen sein.

abszeßerweichende Wirkung	Umschläge mit **Eibischtee**
Abszeßreifung fördernd, zur Wundreinigung	**Myristica sebifera D1**
bei Abszessen mit berührungsempfindlicher Umgebung und an den Hufen	**Hepar sulfuris C30,** 4mal im Abstand von 1 Stunde 15 Tropfen
bei Abszessen mit blauroten Rändern	**Myristica sebifera D1,** zusätzlich **Lachesis D15**
bei zerfransten und geschwürig-schmutzigen Abszeßrändern, Furunkulose	**Tarantula cubensis D6**
Furunkulose mit Pusteln	**Sulfur jodatum D6,** äußerlich Umschläge mit Sud aus **Eichenrinde** oder **Bockshornklee, Eigenblutbehandlung**
zum Öffnen von Abszessen	**Silicea D12** oder **C30**
bei frischen Fisteln	**Calcium sulfuricum D4**
bei immer wiederkehrenden Fisteln	**Hepar sulfuris D6–D30**
chronische Prozesse mit Eiterung und Fistelbildung	**Silicea C30**

Dosierungen wie bei den Entzündungen. **Hepar sulfuris** fördert in niedriger Potenz die Abszeßreife, in hoher Potenz trägt es den Abszeß ab, ohne daß er aufbricht. Beginnende Abszesse werden oft mit **Belladonna** abgefangen.

Eiterungen

allgemeiner Art	**Pyrogenium D15, Echinacea D3,** Tee aus **Meisterwurz** als Einschütt unterstützt

Neigung zu Eiterungen	**Lycopodium D12–D30**
bei eiternden Oberflächen, die nicht heilen wollen	**Silicea D30**
um Eiterungen zu beenden	**Silicea D30**
eitrige Stellen bei lymphatischen Tieren	**Hepar sulfuris D8–D30**
Neigung zu Eiterungen im ganzen Organismus	**Hepar sulfuris D6–D12**
zur Bildung und zum Abstoßen von Eiter	**Hepar sulfuris D6, Myristica sebifera D1–D3**
bei grünlichem Eiter, schleimig, ölig, auch blutdurchsetzt	**Mercurius corrosivus D12**
wenn Eiter dünnflüssig ist, rahmartig	**Silicea D30**
bei zähem, gelblichem Eiter	**Kalium bichromicum D30**
Eiter hellgrün, fadenziehend	**Pulsatilla D6–D12**
eitrige Wunden	Waschungen mit Tee aus **Bockshornkleesamen,** Asche von **Gerstenkörnern** oder **Lindenkohlenpulver** auf die Geschwüre streuen

Dosierungen wie bei den Entzündungen.

Sekrete

Ein Sekret ist ein ausgeschiedener Stoff, der im Körper eine bestimmte Funktion zu erfüllen hat. Exsudate nennt man Flüssigkeiten und Zellen, die aus Blutgefäßen und Lymphbahnen austreten. Infiltrate schließlich sind Einlagerungen von Entzündungszellen in das Bindegewebe.

Exsudate und Infiltrate beseitigt	**Kalium chloratum D4**

dünnes, blutiges, übelriechendes Sekret	**Terebinthina D6**
bei dickem, mildem, gelbgrünlichem Sekret	**Pulsatilla D6–D12**
bei eitrigen Sekreten aus Schleimhäuten, auch aus Harnröhre und Vorhaut	**Mezereum D4**
bei reichlichem Fluß, milde, nicht ätzend, fast klar	**Pulsatilla D6–D12**
allgemein	**Bryonia D4**
stinkende Sekrete aller Arten	**Kreosotum D4–D6**
um festsitzendes Sekret in Nase und Nasennebenhöhlen zum Fließen zu bringen	**Hepar sulfuris D8**
bei stark ätzendem Sekret	**Kalium sulfuricum D6**
schleimiges Sekret, zum Beispiel bei Mundhöhlengingivitis, schleimig-eitrige, gelbgrüne und blutige Ausscheidungen	**Mercurius solubilis D12**
bei Sekret mit besonders üblem Geruch	**Pyrogenium D15–D30**
ätzendes Sekret	**Arsenicum album D6–D12**
übelriechende, fadenziehende Ausscheidungen	**Mercurius solobilis D12**

Dosierungen wie bei den Entzündungen.

Gabelstiche, Phlegmonen, Sepsis

Phlegmonen sind flächenhaft fortschreitende, eitrige Entzündungen des Gewebes mit fließenden Übergängen zur Sepsis, einer Blutvergiftung. Jede Phlegmone kann aufplatzen oder in Abszeßbildung übergehen. Eine Sepsis zeigt immer Temperaturen von über 40 °C. Die Sepsis entsteht durch Bakterienbefall einer Wunde, dabei streuen die Erreger ihr Gift über den ganzen Körper aus. Die körpereigene Abwehr ist oft nicht mehr in der Lage, dieser Flut entscheidend gegenüberzutreten. Unbehandelt endet eine Sepsis meistens mit dem Tod!

Lokale Phlegmonen
(Allgemeinbefinden nicht gestört)

im Anfangsstadium oder als bretthharte Schwellung mit lokaler Ausbreitungstendenz	**Apis D3–D4,** alle 2 Stunden 15 Tropfen
im Eiterstadium	**Pyrogenium D15** und **Lachesis D8**
Eiterstadium im Hufbereich	**Hepar sulfuris D6–D8,** 3mal täglich
Eiterstadium im Kronbereich	**Lachesis D8, Pyrogenium D15, Echinacea D4, Calendula** in den Fistelkanal
Eiterstadium im Bereich der Sprunggelenke	**Pyrogenium D15, Lachesis D8, Acetatmischungen** oder **Kyttaplasma** auf die Gelenkgegend
mit bretttharter Schwellung	**Gingko bilabo D3–D6**
mit chronischen Verhärtungen	**Silicea D4–D30**
bei Gabelstichen	**Hypericum D3–D6**
Gabelstiche mit beginnender Phlegmone und Eiterungen	**Hypericum D3–D6, Echinacea D4,** äußerlich **Calendulatinktur** 1:4 verdünnt auf den Verband

Dosierungen wie bei den Entzündungen. Zur Nachbehandlung aller genannten Zustände: **Silicea D30,** 1–2 Wochen lang 2mal täglich 15–20 Tropfen. Silicea baut auch die chronischen Verhärtungen ab.

Septische Prozesse

Der Schmerz ist oft so stark, daß bei leichtem Druck auf die erkrankte Partie ein Bein ruckartig hochgerissen wird. Weitere Anzeichen für eine Sepsis sind wechselndes Fieber über 40 °C, ein beschleunigter, schwacher Puls, äußerst bedenklicher Zustand, kalter Schweiß, Atemnot und kollapsartige Erscheinungen. Spätestens jetzt muß ein sachkundiger Therapeut gerufen werden.

Wundschmerzen

nach Verletzungen, Operationen und bei kollapsähnlichen Zuständen	**Arnika D1–D6**
bei brennenden, stechenden Schmerzen mit ödematöser Schwellung	**Apis D3–D6**
drückende Schmerzen bei Verletzungen der Gliedmaßen	**Hypericum D3–D6,** äußerlich **Hypericumlotion**
Schmerzen bei frischen und alten Geschwüren mit stinkendem Geruch	**Calendula D2–D6,** äußerlich **Calendulalotion**
Schmerzen an Knochen mit Verdickungen, besonders bei Knieergüssen	**Kalium jodatum D3–D6**

Dosierungen wie bei den Entzündungen.

Kollaps oder Schock

Die Symptome eines Schocks sind kalte Haut, Untertemperatur, Blutdruckfabfall mit vermindertem Puls und flache Atmung.

bei zentralem Kreislaufschock durch Vergiftungen	**Nux vomica D6–D12**

bei kollapsähnlichen Zuständen und bei Schocks	**Arnika D3–D6**
Kollaps bei Schockzuständen, auch bei Unfallfolgen	**Arnika D3–D6, Veratrum album D4–D6**
Neigung zu Kollapszuständen	**Laurocerasus D3–D12**

Dosierungen wie bei den Entzündungen.
Bemerkung: Das tägliche Putzen des Patienten hat eine sehr erfrischende Wirkung. Achtung: Keine Zugluft!

Rekonvaleszenz

Eine lange Rekonvaleszenz entfällt, wenn die homöopathischen Mittel zur Behandlung sorgfältig gewählt wurden. Der Körper muß keine Abbauprodukte von Medikamenten ausscheiden.

bei schlechtem Allgemeinzustand	Pulvergemisch aus **Silicea D12, Equisetum D12** und **Arsenicum album D30,** Pulver 1 : 1 1mal täglich 1 Teelöffel
zur Verkürzung der Rekonvaleszenz	**Arnika D4, Ginseng D1**
zur Unterstützung von Herz und Kreislauf nach Inspektion	**Lachesis D8–D12**
bei verzögerter Rekonvaleszenz nach grippalen Infekten	**Sulfur C30**
bei verzögerter Heilung nach Infektionskrankheiten besonders der Atemwege und gleichzeitigen Allgemeinstörungen, Hinfälligkeit, Unruhe, ständigem Durst	anfangs **Arsenicum album D4,** später **D12**
bei verzögerter Heilung nach schleichend verlaufenden Infektionen	**Kalium jodatum D6–D30**

Dosierungen wie bei den Entzündungen.

Steigerung der Freßlust

Appetitmangel wird einfach behoben mit zerdrückten **Wacholderbeeren,** Pulver aus **Bockshornkleesamen** und **Kümmel;** diese Beigaben unter das Futter mischen.

Allgemeine Gesundheitsprophylaxe

Sie kann durch so bewährte Futterzusätze erfolgen, wie **Multiplexan A10, Bio-Acid-Obstessig, Bärlappulver, Biorca-Ursonne** und **Vorarlberger Pferdepulver.** Eine Verfütterung von täglich bis zu 3 kg **Comfreyblättern,** das ist die Zuchtform von Beinwell, kräftigt bei Jungpferden den Knochenbau, bei Pferden im Training fördert es die Konditionsform. An Fohlen kann im Winter auch **Silicea D4** (2mal täglich 1–2 Tabletten), bei besonders edlen Fohlen zusätzlich **Calcium phosphoricum D4** (1mal täglich 1 Tablette) gegeben werden. Ergänzend wirken bei schwachen Fohlen auch gepulverte Kalmuswurzeln, sie werden über das Futter gestreut.
Zur Gliederstärkung bei Fohlen eignet sich Einreibung mit in Alkohol angesetztem Quendel. Bei der Prophylaxe darf die Brennessel nicht vergessen werden, sie ist eins der gesündesten Futtermittel. Wie der Leinsamen sorgt die Brennessel nebenbei noch für ein schönes seidiges Fell.
Zur Gesundheitspflege des Pferdes gehören das tägliche Putzen, die Hufpflege und der termingerechte Beschlag. Einmal jährlich sollte eine Blutuntersuchung von einem sachkundigen Behandler gemacht werden, da Pferde und Ponys häufig Mangelkrankheiten haben, die sonst kaum auffallen. Ebenso wichtig sind 2–3 Kotproben auf Wurmbefall im Jahr.

Fieber

Fieber ist die stärkste Waffe der Natur gegen alle Bakterien. Durch seinen Einfluß werden auch alle Heilungsreaktionen beschleunigt.

Fiebertabelle	*(°C)*
Normaltemperatur	37,8
mäßiges Fieber	38,6–40
hohes Fieber	40,1–40,9
sehr hohes Fieber	41 und darüber
nahender Tod	etwa 43

Zum Krankheitsgeschehen hinzutretende Entzündungen, wie Blutvergiftungen oder Nageltritte und sehr schmerzhafte Leiden, z. B. frische Gelenkentzündungen und Knochenbrüche, erhöhen die Temperatur.
Schwächere Tiere reagieren stärker als robuste, bei ihnen kann das Fieber also höher sein.
Pferde mit Temperaturen über 38,5 °C müssen sofort aus der Arbeit genommen werden.
Tiere, die Fieber hatten, dürfen erst nach frühestens 2 fieberfreien Tagen wieder auf die Weide. Jegliches Toben sollte vermieden werden, bei beginnenden Schweißausbrüchen müssen die Tiere sofort wieder in den Stall gebracht werden. Nach Abklingen des Fiebers sind die Pferde mindestens 14 Tage lang zu schonen, um ein Zurückbleiben von Herzmuskelschäden zu vermeiden.

Fiebermessen

Bei Stuten und sehr kitzligen Pferden wird ein Vorderhuf aufgehoben, dann legt man Kopf und Schweif zur Seite und hält sie fest. Dazu sind 2 Personen notwendig. Das Thermometer muß angebunden sein, damit es nicht plötzlich im Mastdarm verschwindet. Fieber wird 3mal täglich gemessen, jeweils mindestens 3–5 Minuten.

Erkältungs- und Entzündungsmittel

Die nachgenannten Mittel haben eine zentrale Bedeutung und werden deshalb entsprechend herausgestellt.

Aconitum
Potenz: D4, Gabe 3- bis 6mal täglich bis stündlich je 15–20 Tropfen. Aconitum ist das beste Mittel für ein akutes Anfangsstadium, wenn noch nicht zu erkennen ist, wo die Infektion einsetzt.
Kennzeichen: plötzlicher Temperaturanstieg bis 41,9 °C, große Unruhe, klopfender und schneller Puls, beginnende Atemnot mit keuchenden Geräuschen, Ängstlichkeit, rheumaähnliche Schmerzen.

Belladonna
Potenz: D4, Gabe 3- bis 5mal täglich 15–20 Topfen. Belladonna schließt sich in der Empfehlung an Aconitum an. Im Belladonnastadium erfolgt der Übergang von Krankheitserscheinungen zu spezifischen Krankheiten z. B. bei Erkältungskrankheiten.
Kennzeichen: Hohes Fieber über 40 °C, kräftiger, nicht klopfender Puls, Atemnot, beginnende Schleimhautreizungen, beginnende Schweißausbrüche, rote bis bläuliche Bindehäute, trockene Schleimhäute, ängstlich bis benommen, wenig oder kein Durst. Alle Erscheinungen treten plötzlich und heftig auf.

Mittel bei Fortbestehen der heftigen fieberhaften Erkrankungen:

Bryonia
Potenz und Gabefolge richten sich nach der eigentlichen Krankheit.
Kennzeichen: Das Tier will sich nicht mehr bewegen, liegt still, Verschlechterungen bei der geringsten Bewegung, sehr durstig, es trinkt große Mengen Wasser.

Arsenicum album
Potenz und Gabefolge richten sich nach der eigentlichen Krankheit.
Kennzeichen: Ängstlichkeit, Unruhe, Besserung der Schmerzen durch Wärmezufuhr, sehr durstig, rasch erschöpft, zunehmende Schwäche, Verschlechterung immer um Mitternacht.

Pyrogenium
Potenz und Gabefolge richten sich nach der eigentlichen Krankheit.
Kennzeichen: Bei Blutvergiftungen schwanken die Temperaturen ständig, Puls schwach und rasch, Unruhe, Schmerzen am ganzen Körper, Frösteln, harte Verspannungen der Muskulatur.

Apis
Potenz und Gabefolge richten sich nach der eigentlichen Krankheit.
Kennzeichen: ödematöse Schwellungen mit Fieber.

Schwitzen und Schweißbildung bei Fieber

Art des Schwitzens	*mögliche Mittel*
erheblicher Schweißausbruch, warm oder kalt	**Belladonna D4**
kalter Schweiß am ganzen Körper	**Arsenicum album D3–D6**
kalter Schweiß an den Beinen	**Carbo vegetabilis, Veratrum album D3–D6**

Art des Schwitzens	*mögliche Mittel*
Schwitzen, nach ½ Stunde wieder trocken	**Apis D4**
Schweiß mit aashaftem Geruch	**Pyrogenium D15**
Schweißausbruch, ungleiches oder plötzliches Schwitzen an den Flanken	**Laurocerasus D1–D3**
starke Schweißausbrüche	**Mercurius solubilis D12**
Fieber mit starkem Schwitzen	**Stiefmütterchentinktur** und **Salbeitee** als Trank zur Unterstützung

Bakterielle Folgeinfektionen

Offene Wunden und gereizte Schleimhäute neigen sehr häufig zu Bakterienbefall, es kommt zu Folgeinfektionen. **Echinacea D1** aktiviert die Abwehrkräfte des Körpers, so daß man diese Zweiterkrankungen meistens bald in den Griff bekommt. Neben Echinacea darf kein Antibiotikum gegeben werden, denn es würde die Erreger vernichten. Der Körper wäre nicht mehr in der Lage, seine Abwehrmechanismen einzusetzen.

Puls

Bei jedem Herzschlag wird eine bestimmte Menge Blut in die Arterien ausgeworfen und macht sich dort als Pulsschlag bemerkbar. Ein gesundes Herz schlägt in Ruhestellung 30- bis 40mal, man kann bei gesunden Tieren also 30–40 gleichmäßige Pulsschläge pro Minute zählen. Bei fieberhaften Erkrankungen erhöht sich die Zahl der Pulsschläge je ein Grad der Temperaturerhöhung um etwa 10 Schläge. Aus der Beschaffenheit der Pulswelle – sie kann kräftig, hämmernd, flach und schnell sein – zieht der sachkundige Behandler seine diagnostischen Schlüsse.

Tierpsychologie und Untugenden

Die Seele eines Tieres unterscheidet sich von der des Menschen nicht nach Qualitäten, sondern nur nach Graden. Beobachtungen des Ausdrucks, der Mimik und Gestik und der natürlichen Körperabläufe, wie Puls, Atmung, Kot- und Urinabsatz, sind bei der Beurteilung der Stimmungslage eines Tieres behilflich. Schweif- und Ohrenspiel des Pferdes gelten nicht ohne Grund als »Seelenbarometer«.

Verhaltensweisen sind immer die Folge und Ursache von Reizen. Dabei muß man zwischen zwei grundverschiedenen Reizquellen unterscheiden: den inneren Zuständen und der Außenwelt. Sie bedingen das Verhalten des Pferdes. Jeder Reiz führt zu Erregungszuständen, die alle gefühlsbetont sind. Diese sogenannten Instinkthandlungen sind angeborene Arteigentümlichkeiten und häufig so starr, daß sie auch zweckwidrig ablaufen können.

Daneben wird das Verhalten durch Erlerntes geprägt. Pferde neigen sehr zur Gewohnheitsbildung! Aus lauter Langeweile ausgeführte Bewegungsformen können sich dabei automatisieren, zum Beispiel Weben, Koppen, mit dem Huf gegen die Tür klopfen.

Die Sinneswahrnehmungen werden in die Nervenzentren geleitet, dort erfolgt die Verarbeitung des Wahrgenommenen. In diesen Verwertungsstationen wird auch abgewogen, ob ein Eindruck behagt. Es wird eine Stimmung gebildet! Diese Stimmung ist im Verhalten des Tieres das Zünglein an der Waage.

Die Entscheidung, ob ein bestimmter Reiz überhaupt Beachtung findet und ob er dann in den lust- oder unlustbetonten Gefühlsbereich fällt, kann dem Tier angeboren sein oder auf Erfahrung beruhen. Die Lust- oder Unlustbetonung bezieht sich dabei immer auf die Entstehung des betreffenden Gebarens. Beim unlustbe-

tonten Verhalten machen sich so grundverschiedene Gefühlslagen wie Angst, Kampfstimmung und Schmerz bemerkbar. In der Mensch-Tier-Beziehung gelten sie als Unarten oder Untugenden.
Das Pferd ist wegen der Haltungsform meist nicht in der Lage, seine Reizreaktionen normal ablaufen zu lassen. Es kann nur in Ausnahmefällen flüchten oder richtig kämpfen. Dadurch wird es in eine Konfliktlage versetzt und reagiert vielfach mit sogenannten Übersprungbewegungen. Zu diesen Reaktionen zählt auch das Scharren, Stampfen, Schweifschlagen und Weben.

Untugenden aufgrund von Skelettmängeln

Körpermangel	*Mangelauswirkungen*	*Zeichen*
Anlage zum Hirschhals, Winkelung des Schulterblattes paßt nicht zum Fesselstand, Fesseln zu lang, zu dünn oder zu schwach, zu niedere hintere Trachten, tiefer Rücken	erzeugt Rückenschmerzen	Kopfschlagen, Hochwerfen des Kopfes, starker Vorwärtsdrang, Verspannung des Halses, aggressives Verhalten, Bukkeln und Durchgehen

Untugenden als Hinweis auf Schmerzzustände

Verhalten	*Symptome*	*Ursachen*
Wegdrücken des Rückens nach unten beim Putzen und Satteln	Rückenschmerzen	Druck auf den Dämpfigkeitspunkt (Akupunktur)
Schlagen gegen die Stallwand	verschiedene Schmerzen	Wurmbefall, Unreinheiten an den Fesseln

Verhalten	*Symptome*	*Ursachen*
Futterausstreuen, Zungenstrecken	Schmerzen im Maulbereich	fehlerhafte Gebißstellung, Zahnwechsel, Zungenverletzung
berührungsempfindlich an Bauch und Schenkelinnenseiten	Hinweis auf Schmerz im Bauchraum	Verhalten meist rein reflektorisch, kitzlig

Mittel gegen Untugenden

Art der Untugend	*mögliche Medikamente*
Angst mit großer Erregung	**Hypericum D6–D12**
große Angst	**Arsenicum album**
Berührungsangst	**Arnika**
Kleben	**Natrium muraticum**
Erschrecken durch Geräusche	**Nux vomica**
Anlehnungsbedürftigkeit, das Tier tobt, wenn ein Artgenosse aus dem Stall geholt wird	**Natrium muraticum**
aggressives Verhalten mit Beißen und Schlagen des Pflegers	**Laurocerasus, Glonium**
unleidlicher Patient	**Platin**
Quietschen bei Berührungen	**Platin**
Koppen	**Asa foetida**
Zungenschlagen	**Natrium muraticum**
gestörte Psyche, Überempfindlichkeit, veränderliche Stimmungen	**Natrium muraticum,** weibliche Tiere **Ignatia,** ml. **nux vomica**
vorher nicht bemerktes, umgewandeltes Benehmen	**Glonium**
Fohlen sondern sich von anderen Tieren nach kurzem Spiel ab	**Silicea D4, Calcium phos. D4**

Art der Untugend	*mögliche Medikamente*
Ängstlichkeit vor bekannten Wegen und auf der Weide	**Glonium**
Arbeitsunlust, Interessenlosigkeit	**Arnika**
plötzliches kopfloses Davonstürmen	**Glonium**
große Erregung bei geringster Beanspruchung und auch bei der Vorbereitung dazu	**Glonium**
Widerstand gegen das Satteln	**Glonium**
mangelnde Unterordnung, Widersetzlichkeiten bei Stuten	**Platin**
Widerspenstigkeit in der Reithalle, lammfromm im Gelände	**Glonium**
plötzliches Stehenbleiben, auch im Parcours	**Laurocerasus, Glonium**
Streß nach einem Rennen	**Glonium**
Stuten versagen am Start, sind in der Dressur ständig rossig	**Argentum nitricum D15**
Stuten zum Reiten und Fahren ungeeignet	**Platin**
ausgeprägtes Imponiergehabe bei Stuten	**Platin**

Dosierung, soweit nicht extra angegeben, jeweils C30, 1mal täglich 10 Tropfen, 4 Tage lang.

Hinweis: Bei allen Untugenden, bei denen als Mittel Glonium und Laurocerasus angegeben sind, können auch Sauerstoffunterversorgungen des Herzmuskels vorliegen. Bei den Empfehlungen von Platin und Ignatia ist vielleicht eine Störung im weiblichen Zyklus mit Veränderungen der Eierstöcke Ursache für das Verhalten. Deshalb sollte die Behandlung von Untugenden oder vermeintlichen Untugenden immer einem fachkundigen Behandler überlassen werden.

Training

Die Leistungsbereitschaft des Pferdes ist von der Veranlagung, die Leistung selbst von einem systematisch aufgebauten Training und einer leistungsbezogenen Fütterung abhängig. Durch das Training werden die Muskelkraft, der Muskelstoffwechsel, die Schnelligkeit, die Ausdauer hinsichtlich Kreislauf und Atmung, die Knochenstruktur und die Gelenke und Bänder gestärkt. Gleichzeitig wird die Sauerstoffversorgung wirtschaftlicher gestaltet und ein ständiger Auf- und Abbau der Energiereserven erreicht, das ist ein wichtiger Maßstab für jede Trainingsarbeit.
Liegen diese Voraussetzungen nicht vor, kommt es sehr häufig zur Überbeanspruchung von Herz und Lunge und zu Schäden an Muskeln und Sehnen. Gerade beim ständig überlasteten Leistungspferd ergeben sich Gefahren durch einen überhöhten Sauerstoffbedarf. **Crataegus D1–D3** ist im Wechsel mit **Laurocerasus D3** als Pflegemittel für strapazierte Herzen für eine Dauertherapie geeignet. Die Mittel müssen zu natürlichem Futter gereicht werden. Sie senken den Sauerstoffbedarf des Herzmuskels und sorgen für einen wirtschaftlichen Sauerstoffverbrauch.
Die Zwischendurchgabe von **Laurocerasus D3** steigert den Lebensmut und damit die Einsatzbereitschaft des Pferdes. Bei schneller Ermüdung infolge Konditionsmangel, bei Störungen durch eine zu schnell aufgebaute Kondition und bei Streßpferden hilft **Glonium.** Folgen von Überanstrengungen lassen sich mit **Arnika** beeinflussen, weil Arnika eine Gefäßerweiterung in den betroffenen Bereichen bewirkt. Ähnliche Wirkungen zeigen **Rhus tox.** und **Ruta graveolens.**
Unter den Begriff Training fällt auch das *Zureiten* junger Pferde. Sie laufen immer schief, weil die Rückenmuskulatur ungleich aus-

gebildet ist. Wird durch das Reiten ein Geraderichten nur unvollendet erreicht, kann **Gingko bilabo** diesen Mangel ausgleichen. Häufig macht sich bei jungen Tieren die Sauerstoffunterversorgung des Herzmuskels wie folgt bemerkbar: Das Pferd bleibt plötzlich stehen, wird störrisch, dreht den Kopf zur Seite – meistens nach links – und läßt sich durch nichts von der Stelle bewegen. Nach einigen Minuten geht es unaufgefordert von selbst ruhig weiter. Ähnliche Reaktionen können auch bei älteren Pferden auftreten, hier äußern sie sich in Stehenbleiben vor dem Sprung oder bei Galoppassagen. In diesen Fällen hilft **Laurocerasus.** Die genannten Mittel sollten jedoch immer nur nach Absprache mit einem sachkundigen Behandler gegeben werden, da ein Laie die Grenzen zwischen Überforderung und organischen Schäden nur schwer abstecken kann.

Tierseuchen

Meldepflicht: Alle Tierseuchen, die ein Tierhalter allein nicht wirksam behandeln kann, werden staatlich bekämpft. Bei Seuchenausbruch oder bei Verdacht auf eine Erkrankung hat der Pferdehalter eine Meldepflicht. Die Feststellung der Seuche und ihre Bekämfpung ist Sache des Amtstierarztes. Bei rechtzeitiger Anzeige können Schutzimpfungen durchgeführt und später eventuell Entschädigungen für Seuchenverluste gewährt werden.

Beseitigung von Tierkörpern: Schlachtungen sind bei Milzbrand, Rauschbrand, Tollwut und wenn eine polizeiliche Tötung amtlich angeordnet wurde, verboten. Verendete Tiere müssen nach den Vorschriften des Tierkörperbeseitigungsgesetzes dem Rathaus oder der nächsten Tierkörperbeseitigungsanstalt gemeldet werden. Die Tiere dürfen bis zur Abholung weder abgehäutet noch zerlegt werden. Andere Tiere und Unbefugte dürfen keinen Zugang haben, es besteht die Gefahr der Seuchenverschleppung! Die Tierkörperbeseitigungsanstalt holt den Kadaver ab.

Augenkrankheiten

Das Auge des Pferdes ist vergleichsweise wenig empfindlich. Durch seine hervorstehende, seitliche Plazierung ist es vor allem mechanischen Verletzungen ausgesetzt. Verschiedene Verhaltensmuster des Pferdes, wie Scheuen und mangelnder Vorwärtsdrang, können mit Erkrankungen des Auges oder abnehmender Sehkraft zusammenhängen. Jede Erkrankung der Augen kann sich negativ auf die Sehfähigkeit auswirken. Die rechtzeitige Behandlung durch einen Fachmann verhindert eine eventuell drohende Erblindung.

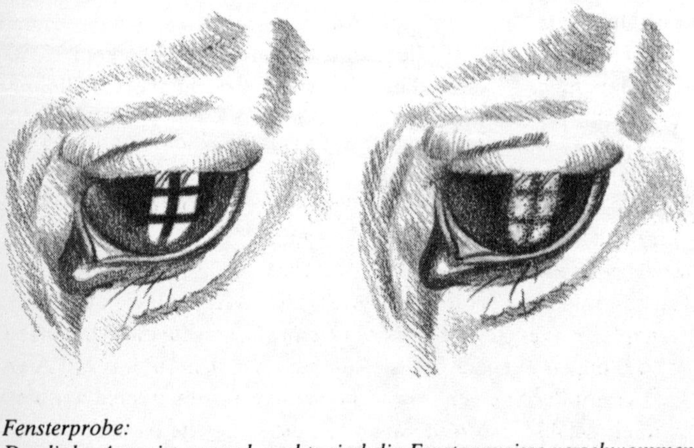

Fensterprobe:
Das linke Auge ist normal, rechts sind die Fensterumrisse verschwommen und zeigen eine gewisse Flockung. Das Bild beweist einen Augenschaden, die Behandlung durch den Fachmann ist notwendig.

Untersuchung des Auges

Sie kann vom Laien ohne Instrumente durchgeführt werden. Das Tier muß dazu entweder in einer dunklen Box stehen, oder man wartet den Einbruch der Dunkelheit ab. Mit einer Punkttaschenlampe leuchtet man direkt von vorn, dann seitlich in das Auge. So kann man feststellen, ob die Oberfläche der Hornhaut klar ist. Leuchtet man direkt ins Auge, zieht sich die Iris zusammen. Beim Entfernen der Lichtquelle vergrößert sie sich wieder. Die Verengungen und Vergrößerungen zeigen eine normale Lichtreaktion an, das Tier sieht also gut.
Vorderkammer und Linse lassen sich ebenfalls sehr einfach testen. Man führt eine brennende Kerze nicht zu dicht an das Auge heran. Sieht man den Lichtschein dreimal klar im Auge (2mal aufrecht und 1mal auf dem Kopf), ist alles in Ordnung.
Innere Teile des Auges kann man beurteilen, wenn das Pferd so unter die Tür eines dunklen Raumes gestellt wird, daß einfallendes Licht das Auge voll erleuchtet.

Erkennen von Augenkrankheiten

Bei normalen Verhältnissen sind beide Augen gleich groß. Sie sollten lebhaft und klar, der Blick zutraulich und offen sein. Die Lider schließen sich sofort, wenn man mit den Fingern in die Nähe des Auges kommt. Eine gewisse Tränenabsonderung zur Feuchthaltung des Augapfels muß vorhanden sein.
Krankheitszeichen: Tränen fließen über die unteren Augenlider herab, die Hornhaut ist nicht vollständig klar und durchsichtig, im Augenweiß sind Blutgefäße sichtbar, die Pupille hat gezackte Ränder und zeigt Trübungen wie graue oder weiße Punkte, der Augapfel ist vergrößert oder verkleinert, die Augenlider weisen Schwellungen auf, das obere Augenlid hängt herunter, ein Auge wird krampfhaft verschlossen, die Wimpern stehen nicht in einem Winkel von 45 Grad zum Augapfel, die Lidspalte ist verengt, vergrößert oder nicht vorhanden, die Nickhaut fällt vor oder überzieht das Auge.

Lidödeme

Bei verschiedenen Erkrankungen tritt am Auge ein Lidschwellung auf, sie kann am Oberlid sehr ausgeprägt sein. Die Lidhaut ist dann straff gespannt, die Lidfalten sind verschwunden.
Ödeme am Auge müssen nicht unbedingt eine Augenkrankheit anzeigen, sie können auch auf eine Herz- oder Nierenerkrankung oder auf eine Allergie hinweisen. Stauungsödeme, wie sie Herz und Nieren verursachen, sind verglichen mit der Umgebung stets kühler und nicht schmerzhaft.
Soweit Ödeme nicht durch Herz oder Niere bedingt sind, lassen sie sich mit feuchtwarmen Kompressen (40–45 Grad) mehrmals täglich über 20 Minuten auf das geschlossene Auge gut beeinflussen. Man verwendet abgekochtes Wasser, eine Abkochung von Fenchelsamen, Kamillentee oder Sud von Malven.

Wunden an Augenlidern und Augenbögen

Ursachen: schlechtsitzendes, verschobenes Zaumzeug, Verletzungen durch Nägel, Quetschwunden durch Sturz, Aufschlagen des Kopfes bei Kolikanfällen, Aufschlagen bei stundenlangem Festliegen.
Symptome: Es zeigen sich Verletzungen verschiedener Tiefe und Ausdehnung am Augenlid und Augenbogen. Rißwunden führen oft zum Abtrennen des Lides oder Lidteilen. Es entstehen ödemartige Schwellungen im Bereich des oberen Lides oder des oberen Augenbogens, sie verengen oder verschließen den Lidspalt. Starker Tränenfluß tritt ein. Durch Schmerzen bei den Kaubewegungen kann die Futteraufnahme verweigert werden. Bei derartigen Verletzungen können auch die Augenhöhle und der Augapfel in Mitleidenschaft gezogen werden. Entzündungen der knöchernen Augenhöhle entstehen oft bei Entzündungen der Nasen-, Kiefer- und Stirnhöhlen, bei Zahnerkrankungen und Druse, und zwar durch das gemeinsame Venennetz zwischen Augenhöhlengrund und Nasennebenhöhlen.
Hinweis: Herabhängende Lidteile dürfen nicht entfernt und auch

ältere Wunden müssen chirurgisch versorgt werden. Wunden nicht berühren, Fliegen fernhalten, fachkundigen Behandler rufen.
Therapie: Bei Quetschungen helfen kühlende Umschläge, Salben und Waschungen mit **Calendula**, 20 Tropfen auf 1 Tasse warmes Wasser, 3- bis 4mal täglich. Wenn Eiterungen auftreten, gibt man **Hepar sulfuris D12.** Bei Blutergüssen und Weichteilverletzungen um das Auge wird jede Stunde **Arnika D6** verabreicht, dazu kommen kalte Kompressen. Ist die Wirkung von Arnika nicht befriedigend, muß man auf **Ledum D6** ausweichen. Übermäßige Augenschmerzen lindert **Hypericum D6**, **Symphytum D6** hilft bei Augenverletzungen. Bei Schmerzen der Augen und Rötungen hilft **Ruta graveolens.**

Bindehautentzündungen

Sie sind die häufigsten Krankheiten am Pferdeauge. Besonders betroffen sind Weidetiere, und dies vor allem bei warmem Wetter.
Ursachen: Reizungen durch Staub, Getreidegrannen und andere Fremdkörper, Stöße, dunstige Stalluft, langes Laufen auf Sand, Erkältungen, Zugfluft, Übergreifen entzündlicher Prozesse aus der Umgebung des Auges. Eine Bindehautentzündung tritt auch als Begleitsymptom bei Infektionskrankheiten auf, z. B. bei Pferdegrippe und ansteckendem Katarrh der oberen Luftwege. Normalerweise ist die Bindehaut blaßrosa, glatt und glänzend. Durch Reizung kommt es zur Durchtränkung des Gewebes und zu Schwellungen. Es wird immer nur ein Auge befallen.
Symptome: Lichtscheue, Schmerzen in der Augengegend, die Augen werden besonders bei Lichteinfall geschlossen, Lider meistens geschwollen, starke Rötung der Augen, Innenseiten der Lider oft sulzig oder glasig, reichlicher Tränenfluß, die Tränen fließen ständig aus dem Augenwinkel über die Wangen herab. Der Tränenfluß lockt Fliegen an, die Infektionen verursachen können. Bei eitrigem Augenausfluß erfolgt schnell der Übergang zur eitrigen Bindehautentzündung. Unbehandelt trocknet der Eiter

ein und bildet Krusten auf offenen Wunden. Dauert eine Bindehautentzündung länger an, färbt sich die Hornhaut blau und wird undurchsichtig.
Verhütung: Bei Weidetieren müssen die Augen täglich nachgesehen werden! Verschmutzte Augen werden mit einem vorher in warme **physiologische Kochsalzlösung** getränkten Wattebausch gereinigt. Das Auge abtrocken und gewöhnliche **Vaseline** in die Augenwinkel geben. Als Augensalbe hat sich auch eine durchgesiebte Mischung aus 20 g **Wermut,** 5 g **Aloe,** 5 g **Fenchel** und ½ Eßlöffel **Honig,** gekocht in einem ½ Liter Wasser, bewährt. Salben werden immer unter das obere Lid gestrichen.
Therapie: Fremdkörper mit einem sauberen, gerollten Stück weichen Papiers herausschieben. Staubteile werden mit einem kleinen, vorher in Hypericumlösung getränkten Schwamm oder mit klarem Wasser ausgeschwemmt. Ist der Fremdkörper entfernt, muß man das Auge mehrmals mit Hypericumlösung auswischen. Kann ein Fremdkörper nicht entfernt werden, deckt man das Auge ab und ruft einen Fachmann.
Das Auge darf nie mit etwas Trockenem berührt werden.
Das Pferd wird auf Diät gesetzt. Solange die Schmerzhaftigkeit und Lichtscheue groß ist, darf es nicht arbeiten. Die Stallfenster verdunkeln, Bewegungen erfolgen nur an trüben Tagen oder in der Dämmerung.
Eine Gabe **Aconit D30** hemmt eine beginnende Bindehautentzündung. **Apis D3** 3- bis 4mal täglich, baut Rötungen des Auges mit Tränenfluß bei Allergien ab. Es ist auch bei Lidödemen hilfreich. Krusten am Auge verschwinden nach Auftragen von **Schöllkrautsaft,** er wird etwa 10 Tage mit Alkohol angesetzt. **Belladonna D4** findet Einsatz bei betonter Gefäßzeichnung im Auge, bei Lichtscheue und Augenschmerzen. **Pulsatilla D6** und **Euphrasia D3** stoppen schmutzigen Tränenfluß, der durch Zugluft und Wind verursacht wurde. **Pulsatilla D6** (3mal täglich) entfernt gelbtalgige Ablagerungen im Augenwinkel.
Ist der verschmutzte Tränenfluß mit einer Rötung des Auges verbunden, verwendet man alle 2 Stunden **Euphrasia D3** und macht zusätzlich Augenspülungen mit **Euphrasialösung,** 10 Tropfen Urtinktur auf ½ Glas isotonischer Kochsalzlösung.

Schmerzen nach Entfernen eines Fremdkörpers lindert ein **Hypericum-Calendula-Gemisch** aus ½ Teelöffel Tinktur auf 1 Tasse Wasser. Mit dem Gemisch wird das Auge ausgewaschen.
Mercurius solubilis D6 erneuert die Augenschleimhaut. Es ist das richtige Mittel, wenn das Auge geschlossen ist, schleimig-eitrige Absonderungen auftreten und die Hornhaut mit Bläschen und Geschwüren übersät ist. Bis die Schwellung abgeklungen ist, 3mal täglich anwenden.
Neben Mercurius hat sich bei diesem Krankheitsbild auch das **Iso-Stoffmittel G1** sehr bewährt. Anstelle der vorerwähnten Augenbäder mit Homöopathika kann auch eine Mischung aus den Stoffmitteln St12, G3, Ad3, Fb2, Fluida weiß und grün von Iso verwendet werden.
Pflanzensammler können bei Bindehautentzündungen Umschläge mit einem Gemisch zu gleichen Teilen aus **Lindenblüten, Holunderblüten** und **Kamille** machen. Dazu wird aus dem Gemisch ein Tee bereitet, 2 Eßlöffel der Mischungen werden mit ½ Liter Wasser verdünnt und mit einem Leinentuch auf das Auge aufgetragen. Augenleiden mit Tränenfluß und stechenden Schmerzen im Auge können auch mit Kompressen aus Schafgarbentee erfolgreich beeinflußt werden.
Komplikationen: Häufig ist das obere Augenlid nach innen umgestülpt und reizt dann mit den Wimpern ständig den Augapfel. Nur ein sachkundiger Behandler kann hier helfen! Bindehautentzündungen gehen sehr leicht in eine chronische Form über. Die Bindehaut verliert ihr glattes Aussehen, erscheint mäßig gerötet und ist manchmal stark verdickt. Die Buchten der wulstigen Falten sind mit klebrig-eitriger Flüssigkeit gefüllt. Weitere mögliche Komplikationen sind Hornhautentzündungen und der Follikelkatarrh.

Tränenfluß an beiden Augen

Hier liegt entweder eine entzündliche Verklebung des Tränen-Nasen-Kanals oder eine Stoffwechselstörung vor, denn über die Augenschleimhaut werden auch Schadstoffe des Körpers abgegeben. In der Regel gelingt die Heilung mit **Natrium muraticum D12,** 3mal täglich 14 Tage lang.

Follikelkatarrh

Kennzeichen sind stecknadelkopfgroße, glasige, nicht ausquetschbare, hellrote, meist unregelmäßig angeordnete Knötchen auf der Bindehaut. Hilft **Mercurius solubilis D6** nicht, müssen die Follikel von einem fachkundigen Behandler mit dem Augenlöffel entfernt werden. Auf die Umbildung der Schleimhaut wirkt sich Vitamin A günstig aus.

Hornhautentzündungen und Hornhautverletzungen

Ursachen: Verletzungen der Hornhaut, meist oberflächlicher Art, entstehen unter anderem beim Wälzen auf der Wiese durch Stoppeln und herabhängende Äste. Weitere Ursachen sind eine vorangegangene schwere Bindehautentzündung, eine Herpesvireninfektion oder auch Vitamin-A-Mangel.
Symptome: Lichtscheue des betroffenen Auges, verkleinerte und krampfhaft geschlossene Lidspalte, zurückhaltendes, scheues Benehmen des Tieres und Tränenfluß. Bei Gefäßzerreißungen ist die gesamte Glaskörpermasse rot. Die Hornhaut erscheint punktförmig oder ungleichmäßig rauchig getrübt. Die Trübung glänzt. Es kann zu Eiterungen der Hornhaut kommen. Abgeheilte Hornhautverletzungen hinterlassen immer eine bleibende Hornhauttrübung.
Therapie: Die Heilung ist langwierig, weil sich die Hornhaut nur langsam erneuert. Die Pferde werden in dunklen, staubfreien Ställen gehalten und ausgebunden, damit kein Reiben am Auge möglich ist.
Besondere Wirkung auf die Hornhaut besitzt das **Stoffmittel 12 von Iso.** Den Abbau von Eintrübungen der Hornhaut durch Verletzungen fördert **Arnika C30** 1mal täglich etwa 14 Tage lang. Sind die Trübungen mit einer Geschwürbildung verbunden,

nimmt man 1 Woche lang einmal täglich **Calcium carbonicum C200.**
Für alle anderen Eintrübungen eignet sich **Silicea C200,** 1mal täglich etwa 1 Woche. **Hepar sulfuris D6** hilft beim Abbau eitriger Entzündungen der Hornhaut. Zeigen sich auf der Hornhaut punktförmige Vertiefungen, hilft 3mal täglich **Kalium bichromaticum D6.**

Krankheiten des Tränenkanals und Tränensackes

Ursachen: Vom inneren Augenwinkel aus fließen die Tränen durch den Tränenkanal in die Nase. Krankheiten mit ein- oder beidseitigem Tränenfluß entstehen immer dann, wenn ein Stau vorliegt. Er wird z. B. durch Entzündungsprodukte, durch Fremdkörper wie Staubkörner, durch Parasiten, katarrhale Reizzustände der Nase und durch Druse verursacht.
Symptome: Bei Tränenfluß muß immer zuerst untersucht werden, ob nicht am äußeren Auge Veränderungen erkennbar sind. Die Tränen bilden eine bräunliche Sekretbahn, sie ist oft von einem ekzemartigen Hautausschlag begleitet.
Therapie: Bei entzündlichen Verklebungen des Kanals helfen **Staphysagria D6** oder **Silicea D12.** Bringen diese Mittel keinen Erfolg, muß ein fachkundiger Behandler den Kanal mit einem entzündungshemmenden Mittel durchspülen.
Auftreibungen und Umfangsvermehrungen des Oberkiefers oder Nasenbeins mit Vorwölbungen der Haut oberhalb der Nüstern weisen auf eine Verengung des Tränen-Nasen-Gangs hin. Eine Verengung des Tränenkanals bessert **Natrium muraticum C200,** 1mal täglich 1 Woche lang. Kommt es zur Ausbildung einer Tränengangsfistel, hilft **Acidum hydrofluoricum C30,** 2mal täglich 14 Tage lang.

Star

Ursachen: Der graue, grüne und schwarze Star ist normalerweise eine Alterskrankheit, früheres Auftreten weist immer auf eine Ernährungskrankheit hin. Beim Pferd kann der graue Star angeboren sein. Der Star tritt meist als Zweiterkrankung im Rahmen der periodischen Augenentzündungen auf. Alle Starvarianten sind nur minimal beeinflußbar, oft erreicht man aber bei konsequenter Behandlung einen Stillstand mit Rückbildung.
Symptome: Kennzeichen aller Stararten sind bläßlichweiße oder milchige Trübungen der Linse in verschiedenen Formen, wobei zentral gelegene Trübungen zu Sehstörungen führen. Startrübungen sind immer starr und unbeweglich, schwarze oder braune Linsentrübungen müssen nicht durch Star bedingt sein. Beim Test mit der Kerze findet man kein 3. verkehrtes Bild, weil die Linsentrübung kein Licht mehr durchläßt.
Therapie: Ein Stillstand läßt sich durch wochenlange Gaben (2mal täglich) von **Calcium fluoratum D6, Natrium muraticum D12** und **Magnesium carbonicum D6** erzielen, eventuell unter Zugabe von **Naphtalinum** und **Conium.** Bewährt hat sich auch **Iso-Stoffmittel 12** oder die Kombination der **Iso-Mittel Ad2, St5, G5.**
Bei Altersstar bringt **Silicea D12,** kombiniert mit **Calium fluoratum D12,** Besserung. Die Arzneimittelkur ist im Abstand von jeweils 4 Monaten zu wiederholen.

Periodische Augenentzündungen

Es handelt sich um Entzündungszustände der mittleren Augenhaut, die mit den vorgenannten Augenkrankheiten verbunden sein können. Befallen werden Pferde im Alter bis zu 7 Jahren, vorzugsweise männliche Tiere.
Ursachen: Die Ursachen sind bis heute nicht geklärt. Es scheinen unter anderem allergische Vorgänge im Körper und vererbliche, klimatische und geographische Faktoren eine Rolle zu spielen. Wir finden die periodische Augenentzündung häufiger auf feuch-

ten Tonböden als in kalkreichen Höhen. Heiße, dunstige und finstere Stallungen begünstigen den Ausbruch der Krankheit.
Symptome: Ein plötzlicher Beginn über Nacht, morgens ist ein Auge meistens geschlossen. Im Verlauf der Krankheit wird auch das andere Auge befallen. Starkes Tränen, beim Öffnen des geschlossenen Lids entleert sich die angesammelte Tränenflüssigkeit. Die Bindehaut ist stark gerötet, Lichtscheu und Fiebersymptome treten auf. An der Tür in einem dunklen Stall sieht man eine stark verengte Pupille, die Hornhaut ist rauchig getrübt, bläulich oder milchigweiß, flockiges Gerinnsel hat sich in der vorderen Augenkammer gesammelt.
Verlauf: Meistens klingen die Entzündungserscheinungen vom 5. Tag an ab, nach 14 Tagen sind sie oft völlig verschwunden. Es kann aber auch bis zu 2 Monate dauern. Mit der Besserung kehrt das Sehvermögen zum Teil, nie aber vollständig zurück. Nach dem Anfall ist die Sehspalte verengt, unregelmäßig oder gezackt. Die Anfälle wiederholen sich nach einigen Wochen oder Monaten. Und zwar so lange, bis das Auge erblindet ist.
Therapie: Der Stall wird für die Zeit der Lichtscheue abgedunkelt. Das Tier darf nicht arbeiten, besonders nicht in greller Sonne. Das Auge wird verbunden! Zweckmäßig ist die Verlegung des Pferdes in eine höhere Gegend. Daneben wird durch Steigerung der körpereigenen Abwehr die Allergiebereitschaft herabgesetzt. Die entzündlichen Stoffe des Auges lassen sich durch warme Umschläge mehrmals täglich über 20–30 Minuten mit **Hypericumlösung** abbauen, bei gleichzeitiger Gabe von **Abführmitteln.** Dafür werden 300 g **Glaubersalz** und 200 g Mehl mit Wasser zu einem Brei vermischt und auf die Zunge gestrichen. Auch Umschläge mit **Kamillentee** können vorteilhaft sein. Daneben gibt man **Aconitum naoellus C6** und **Belladonna C200,** je 5 Tropfen 4mal täglich im stündlichen Wechsel. Auch **Iso St12** kann angewendet werden.
Da alle chronischen Augenleiden durch die Leber mitverursacht werden, ist eine zusätzliche Gabe von **Bryonia alba D30** oder **Taraxacum officinale D30** empfehlenswert.
Einen günstigen Einfluß auf das gesamte Krankheitsgeschehen übt die Gabe eines Gemisches aus **Echinacea, Argentum, Coni-**

um, Silicea und **Belladonna** zu gleichen Teilen jeweils in D6 aus, und zwar 3mal täglich 4 Wochen lang. Nach 2 Monaten wird die Kur wiederholt. Läßt sich die periodische Augenentzündung so nicht aufhalten, wird wie bei Star behandelt.
Hinweis: Da auch hier das Erkennen des Krankheitsbildes für den Laien schwierig ist, muß ein fachkundiger Behandler hinzugezogen werden.

Krankheiten der Gefäßhäute

Entzündungen der inneren Gefäßhäute treten in der Regel bei Infektionskrankheiten, Erkrankungen des Gehirns und bei Vergiftungen auf. Äußerlich sichtbar wird die Erkrankung immer durch Abweichungen in der Pupillenform, in Trübungen und nachlassenden Reaktionsfähigkeiten der Pupille. Die Therapie richtet sich jeweils nach den Ursachen.

Nickhautvorfall

Die Nickhaut, auch 3. Augenlid genannt, ist zart und im gesunden Zustand praktisch nicht sichtbar. Als schützende Schleimhaut kann sie das Auge nahezu überziehen. Ursachen für einen Vorfall sind entzündliche und tumoröse Schwellungen, außerdem Lähmungserscheinungen der Augenmuskeln. Der Nickhautvorfall ist auch ein Symptom bei Tetanus.
Die Therapie richtet sich immer nach dem Grundleiden.

Ophthalmie

Eine Vorverlagerung des Augapfels ist in der Regel mit entzündlichen Veränderungen der Augenhöhle, Verletzungen mit Blutungen im Augapfel, mit Narbenbildungen in den Nasennebenhöhlen oder mit Karzinomen der Lider und der Nickhaut verbunden.

Eine Vorverlagerung des Augapfels entsteht durch Drucksteigerung im Augapfel. Er nimmt an Größe zu, das Auge schmerzt. Diesen Zustand kann man gut mit **Phosphorus D200** oder **Belladonna D30** in den Griff bekommen. Geeignet sind auch **Coffea** und **Ammoniak.**
Eine Rückverlagerung des Augapfels tritt durch Raumvergrößerung der Augenhöhle bei Frakturen oder durch Schwund des Augeninhalts bei hochgradiger Abmagerung und Krämpfen am Auge bei Tetanus ein. Kennzeichnend für eine Rückverlagerung ist das Herunterfallen des unteren Augenlids, dabei entsteht ein 3. Augenwinkel.
Die Therapie richtet sich auch hier jeweils nach den Grundleiden.

Lidstellungsanomalien

Bei Ptosis hängt das Oberlid des Auges durch eine Nervenlähmung herunter.
Ein krampfhafter Lidschluß ist immer ein reflektorisches Zeichen für Reizzustände in einzelnen Augenabschnitten, er kann aber auch eine abbauende Erkrankung des Nervensystems anzeigen. Krampflösend wirken immer warme Umschläge!
Ptosis tritt meistens in Verbindung mit Lidödemen und Blutergüssen direkt am Lid auf. Die Erscheinungen sind also mechanisch bedingt. Die echte Ptosis wird durch Ausfall- und Lähmungserscheinungen verschiedener Augenmuskeln oder durch Quetschungen verursacht. Sie kann auch ein Zeichen des Horner-Symptomenkomplexes infolge Lähmung des Halssympathikus sein, außerdem gibt es sie bei Beschälseuche und bei Botulismus.
Sind Nervenlähmungen mit Hitze verbunden, helfen **Aluminia D12** oder **Phosphorus D12.** Nervenlähmungen durch Nässe und Kälte sprechen auf **Rhus tox.** an. Eine lokale Wärmeanwendung ist empfehlenswert; Lidlähmungen lösen **Gelsemium** und **Causticum.**

Lidtumoren

Sie werden oft auch Papillome, Feigwarzen oder Grützbeutel genannt, sind gutartiger Natur und weisen auf einen gestörten Stoffwechsel hin. Sie treten zumeist bei älteren Tieren auf; man behandelt mit **Thuja D6,** 3mal täglich. Therapieresistente Feigwarzen werden mit **Causticum D12,** und wenn auch dieses Mittel erfolglos sein sollte, mit **Acidum nitricum D6** behandelt. Erfolgreich wirkt auch **Iso Ad3.**
Bei Kaltblütern, Ponys und Warmblütern, die ihrem Freßverhalten nach an den »Wirtschaftstyp« früherer Jahre erinnern, ist unter Umständen **Graphites D12** angezeigt.
Eine chirurgische Entfernung wird nur empfohlen, wenn der Lidschluß in seiner Mechanik behindert ist.
Natürlich gibt es auch bösartige Tumoren der Augenlider. Aber die ring- oder brillenartige Pigmentlosigkeit mit Flecken um die Augen bei Schimmeln, die gehäuft Araberblut führen oder selbst Araber sind, ist nicht tumoröser Art. Schimmel neigen allerdings in hohem Alter zu Wucherungen der Flecken. Der sich manchmal ringförmig um die Augen ausbreitende Pilzbefall darf nicht mit Tumoren verwechselt werden.

Seh- und Augenschwäche bei alten Tieren

Hier kann eine Besserung durch die tägliche Gabe von 5–10 Tropfen der nachfolgenden Mixtur erreicht werden: **Bellis perennis D3, Ononisspinosa D3, Euphrasia D3, Ruta graveolens D3, Taraxacum D30** und **Conchei D30.**
Bei der Behandlung von Sehstörungen muß man immer bedenken, daß die vollständige Erblindung eines Auges die Arbeitstauglichkeit eines Tieres weniger beeinflußt als die unvollständige. Bei letzterer kommt es zu Schattensehen, und dadurch wird das Scheuen begünstigt.

Fütterung und Verdauung

Der Pferdekörper gleicht einer Maschine, die geheizt werden muß, um etwas zu leisten. Je größer die geforderte Leistung ist, um so mehr Heizstoffe sind notwendig. Und je mehr wir mit einem Pferd arbeiten, desto besser müssen wir es füttern. Der Körper kann sich nicht nur von selbst erhalten und durch Wachstum vergrößern, er braucht zusätzliche Energie, um die Körpertemperatur gleichmäßig zu halten und die Arbeit im Rahmen der Verdauung zu leisten. Dabei wird feste Nahrung umgewandelt. Durch Kauen wird das Futter zerkleinert, durch die Verdauungssäfte zersetzt und größtenteils wasserlöslich gemacht. Bakterien und Kleinstlebewesen im Darmbereich sorgen für den Abbau der Strukturstoffe. Sie stellen auch Eiweiße und Vitame her. Die gelösten Stoffe gehen über die Darmschleimhaut in das Blut, alles Unlösliche wird als Kot abgesetzt.

Der Wert von Futtermitteln richtet sich hauptsächlich nach ihrem Gehalt an Eiweißstoffen und nach ihrer Verdaulichkeit.

Bei der Fütterung muß man immer bedenken, daß es zwei grundverschiedene Pferdetypen gibt: den pony- oder kaltblutartigen Typ mit Ramskopf, zum Beispiel die Nordpferde, und den araberähnlichen Südpferdetyp. Unsere Warmblüter sind Zwischenstufen, die einer dieser Arten zuneigen.

Der Verdauungsapparat des Nordtyps ist sehr auf voluminöses Futter ausgerichtet. Für sie ist der Weidegang ohne Zufütterung ausreichend, wenn keine besonderen Kraftanstrengungen verlangt werden. Alle echten Ponys neigen bei der üblichen Pferdefütterung mit Heu und Hafer zum Fettwerden, da dieses Futter für sie zu konzentriert ist. Südpferde brauchen stärker konzentriertes Futter wie Hafer und Kraftfutter, da sie Lauftiere sind.

Rationelle Fütterung

Unsachgemäße Fütterung führt neben Krankheiten des Verdauungstraktes oft zu Leistungsschwäche, Verhaltensstörungen oder zu Unfruchtbarkeit. Deshalb wird auf diesen Punkt ausführlich eingegangen.

Der Magen-Darm-Kanal des Pferdes paßt sich in der Zusammensetzung seiner Verdauungssäfte immer an die dem Pferd am meisten zugeführte Nahrung an. Deshalb nutzt ein Pferd das Rauhfutter auch am besten aus. Neues, ungewohntes Futter wird so lange nicht richtig verdaut, bis sich die oben genannte Umstellung im Organismus vollzogen hat. Gibt man zum Beispiel einem Weidetier plötzlich Hafer, wird er anfangs zum größten Teil unverdaut im Kot zu finden sein. Man muß sich mit dem neuen Futter einschleichen, also die tägliche Menge langsam steigern. Ein gesunder Organismus paßt sich jeder verdaubaren Nahrung an, aber dazu braucht er Zeit.

Ein Pferd verbringt – sich selbst überlassen – den Hauptteil des Tages mit Fressen, das sind bis zu 16 Stunden. Damit Rauhfutter entsprechend ausgenützt werden kann, muß es gut gekaut und eingespeichelt werden. Genügend lange Futterzeiten sind also notwendig.

Die intensive Kautätigkeit gewährleistet einen gleichmäßigen Abrieb der Backenzähne.

Der kleine Pferdemagen braucht möglichst 3 Mahlzeiten. Kleinere Futtermengen werden besser gelöst und verdaut. Man sollte keine gewohnte Mahlzeit ausfallen lassen, denn Hungergefühl beeinträchtigt das Wohlbefinden und das Leistungsvermögen erheblich. Wird das Hungergefühl unterdrückt, verschwindet auch der Appetit. Verspätete Mahlzeiten werden dann manchmal gar nicht mehr angenommen. Auf jeden Fall aber ist das Zusammenspiel der Verdauungssäfte gestört, und ein Großteil des Futters geht unverdaut in den Kot über. Nicht selten wirkt es auch als darmreizender Ballast und führt zu Darmerkrankungen oder Störungen des Allgemeinbefindens.

Futteraufnahme

Die normalen Aufnahmezeiten pro Kilo bei Warmblütern: Stroh und langes Heu etwa 45 Minuten, Hafer etwa 15 Minuten, pelliertes Futter etwa 15 Minuten, Futter in Brikettform, also Fertigfutter, etwa 20 Minuten. Kleinpferde, Ponys und Fohlen haben längere Aufnahmezeiten.

Gierig fressenden Pferden sollte man einige Kieselsteine in den Futtertrog geben. Durch das notwendige Hin- und Herschieben der Steine sind die Pferde gezwungen, langsamer zu fressen. Bei Pferden, die wesentlich längere Futteraufnahmezeiten haben, müssen die Zähne nachgesehen werden.

Reihenfolge beim Füttern

Heu, Tränken, Hafer oder Kraftfutter.

Das Heu regt die Absonderung der Verdauungssäfte an und schwächt das Hungergefühl; so wird das Kraftfutter nicht gierig gefressen, sondern besser gekaut und eingespeichelt. Das Tränken sollte, sofern keine Selbsttränke vorhanden ist, keinesfalls vor dem Heufüttern erfolgen. Es begünstigt sonst innere Erkältungen bei schwitzenden oder ermüdeten Tieren. Ebenso sollte das Kraftfutter nicht vor dem Tränken gegeben werden, weil das Wasser es zu schnell in den Darm spült, wo es dann nicht mehr genügend aufgeschlossen werden kann.

Alleinfuttermittel des Handels

Das Angebot ist groß, sowohl in loser als auch in gepreßter, pellierter Form. Als Alleinfutter ist nur der Typ 3 geeignet. An Pferde sollten nur große Pellets mit mindestens ½ cm Durchmesser gefüttert werden, kleine Pellets führen unter Umständen zu Koliken. Alleinfutter zeigen keine oder nur geringe Staubbildung. Dem Strukturbedürfnis der Pferde wird in der Regel nicht genügend Rechnung getragen, da die Alleinfutter zu fein gemahlen

sind. Dadurch verkürzt sich die Futteraufnahmezeit, und es wird kein ausreichendes Sättigungsgefühl erzeugt.
Zur Deckung des Strukturbedürfnisses wird Streustroh aufgenommen, das bei Verschmutzung zu Koliken führen kann.
Alleinfutter in Brikettform, Schrotmischungen mit Heuhäcksel, entsprechen den Anforderungen des Pferdes besser. Die Natriumversorgung ist übrigens mit diesen Handelsfuttermitteln selten ausreichend gesichert.

Fütterungsregeln

Futtermittel	*Hinweise*
viel oder altes Heu	1mal pro Woche 1 Eßlöffel Kochsalz dem Hafer beigeben
Gras im Stall	immer Heu vorlegen, damit nicht so gierig gefressen wird
Ergänzungsfuttermittel	auf die Verdauung der Tiere achten
im Stall gelagertes Futter	feuchtwarme Stalluft fördert Schimmelbildung
Ersatzfuttermittel, wie Rüben	anfangs schwer verdaulich,
2. Heuschnitt	immer mit altem Heu oder Stroh mischen
maschinell geerntetes Heu	vor dem Füttern außerhalb des Stalls aufschütteln, damit der Staub entweicht; bei Heuallergie mit Wasser anfeuchten

Gefährliche Futtermittel

Futtermittel	*Wirkung*	*mögliche Krankheiten*
2. Heuschnitt	Aromastoffe verführen zum Fressen großer Mengen, viel Durst	Reizung der Schleimhäute in Nase und Magen-Darm-Trakt, Verstopfungskoliken
Heu mit Giftpflanzen, Adlerfarn, Herbstzeitlose		Vergiftungen
rohfaserarmes Gras, z. B. Frühjahrsgras		Dickdarmdrehung bei säugenden Stuten
zu kurz geschnittenes Gras, zuviel Stroh, Rotklee, altes Gras	Anschoppungen des fasrigen Inhalts im Dickdarm	Verstopfung, Koliken
gärfähige Futtermittel	Blähungen	Koliken
Hafer unter Gras gemischt	Hafer wird nicht eingespeichelt	schwere Koliken
altes, durch Lagerung erwärmtes Heu	Pilzbefall	Darmstörungen
zu fein gemahlene Schrote, ungenügend eingeweichte Rübenschnitzel	zu geringe Bildung von Speichel und Magensaft	Schlundverstopfungen
rohfaserarme, stärkereiche Futtermittel, wie Roggen und Weizen		Gefahr der Verkleisterung des Magens, Magenentzündungen, Magenrisse, Hufrehe
junges Gras, gefrorenes Futttermittel, ungenügend abgelagerte Futtermittel	Blähungen, Magenbeschwerden	Durchfall, Aufgasungen, Magenrisse, Magenschleimhautentzündungen, Hufrehe

Futtermittel	*Wirkung*	*mögliche Krankheiten*
verschimmelte Futtermittel	großer Durst	Aborte, Husten, Dämpfigkeit
verschmutzte Futtermittel, Staubbeimengungen	Magendrücken	Sandablagerungen im Darmbereich, Zahnschäden, Koliken

Nahrungsbestandteile und Nährstoffe

Rohfaser ist für den Beschäftigungstrieb der Tiere notwendig. Sie vermeidet Untugenden, wie etwa das Benagen von Gegenständen. Ist die Faser so feingemahlen wie in Pellets, besteht ein zusätzlicher Rohfaserbedarf, er wird über die Einstreu gedeckt. Ein Überangebot an Rohfaser beeinträchtigt die Verdauungsvorgänge im Dickdarm und führt zu Freßunlust, Leistungsschwäche und Durchfällen und verhindert das Sättigungsgefühl.

Fette und Kohlenhydrate liefern Energie für den Erhaltungsstoffwechsel, für die Muskelarbeit, den Gewebeansatz und die Milchleistung.

Eiweiß ist besonders während des Wachstums und bei Milchleistung von nöten. Auch die Mikroorganismen im Dickdarm brauchen Eiweiß, um arbeiten zu können. In der Pferdefütterung besteht außer bei Fohlenstuten und Jungpferden meist ein erheblicher Überschuß an Eiweiß, der die Leber und Nieren stark belastet. Die Eiweißabbauprodukte werden mit großen Wassermengen ausgespült, das zeigt sich auch in der vermehrten Harnabgabe. Zuviel Eiweiß belastet zudem das Nervensystem.

Mineralsalze, die vier wichtigsten sind Kalzium, Phosphor, Kalium und Natrium, müssen in einem bestimmten Verhältnis zueinander stehen. Kalzium und Phosphor sind größtenteils in den Knochen eingelagert. Bei ungenügender Zufuhr über die Fütterung oder bei mangelnder Bewegung werden diese Mineralien von den Knochen wieder abgegeben. Die Knochenfestigkeit läßt nach! Bei den meisten Futterrationen stimmt das Kalzium-Phosphor-Verhältnis nicht, das ist oft die Ursache von Lahmheiten. Kalium und Natrium sind für den Wasserstoffwechsel, die Muskel- und die Nerventätigkeit von Bedeutung. Kalium ist im Futter stets ausreichend vorhanden, ausgenommen bei dauernden starken Schweißverlusten. An Natrium mangelt es meistens, selbst in den vom Handel angebotenen Mischfuttermitteln.

Spurenelemente erfüllen biologische Funktionen in den Zellen. Die wichtigsten Elemente sind Eisen, Zink und Kupfer. Fehler in der Versorgung mit ihnen sind selten.

Vitamine sind organische Substanzen, die der Körper nicht selbst aufbauen kann, aber in kleinen Mengen unbedingt zum Leben braucht. Sie werden dem Körper über die Nahrung zugeführt.

Fütterung in Sonderfällen

Zuchtstuten sollten wegen der negativen Auswirkungen auf Trächtigkeit und Geburt nicht zu fett sein. Ist ein Abspecken fällig, wird es im Herbst mit einer verringerten Futterration begonnen. Dabei bleibt die Heumenge normal, es gibt aber höchstens noch 70 % des Kraftfutters. Eine zu gute Fütterung verhindert auch das Resorbieren von Zwillingen, führt zu einer Erhöhung des Geburtsgewichts des Fohlens und zum vorzeitigen Milchtröpfeln bei der Stute.

Tragende Stuten bekommen ein Futter, das sich im Nährstoffbedarf nach dem Trächtigkeitsmonat richtet. Generell gilt: bis zum 8. Monat normal füttern, dann 0,5 kg Kraftfutter mehr, vom 10. Monat ab zusätzlich 100–200 g Mineralfutter. Eine Energieunterversorgung in der 3.–7. Trächtigkeitswoche führt zur Fruchtresorption, zum Aufsaugen der Frucht durch den mütterlichen Körper. Ein schlechter Futterzustand verlängert die Tragezeit. Eine gute Karotinversorgung der Stute bedeutet gleichzeitig einen Vitaminstoß für das Fohlen und verbessert auch seine allgemeine Abwehrkraft. Werden Stuten gut mit Natrium versorgt, eutern sie besser auf, beim Fohlen geht das Darmpech besser ab. Unmittelbar vor und nach der Geburt empfiehlt es sich, zur Entlastung des Darms 1 kg Heu weniger zu geben.

Säugende Stuten haben ab Beginn der Milchproduktion einen höheren Bedarf an Nährstoffen, da ein Großpferd täglich bis 20 l, ein Shetty um die 10 l Milch herstellen muß. Etwa vom 3. bis 7. Tag nach der Geburt muß daher der Gehalt der Futtermittel gesteigert werden. Eine zu frühe Steigerung führt durch die gestiegene Milchproduktion zum Durchfall beim Fohlen. Erfolgt keine Steigerung, bleibt die Fohlenrosse aus.
Oft ist eine zusätzliche Natriumgabe als Viehsalz erforderlich. Vorsicht, das Fohlen darf kein Salz fressen, Durchfall wäre die Folge!
Durch die Milchproduktion verdoppelt sich der Wasserbedarf der Stute. Eine schlechte Milchleistung läßt sich durch Eiweißgaben steigern, im Normalfall ist das nicht erforderlich. Eiweißgaben sind deshalb problematisch, weil sie das Wachstum des Fohlens unnatürlich antreiben. Vor dem Absetzen muß bei der Stute die Nährstoffzufuhr wieder gesenkt werden, damit die Milchleistung entsprechend nachläßt.
Ergänzungsfuttermittel für Zuchtpferde und Fohlen bestehen aus Eiweiß, Mineralstoffen, Spurenelementen und Vitaminen. Die Kraftfutterration einer säugenden Stute kann bis zu 30 % aus Ergänzungsfuttermitteln bestehen. Manchmal ist auch die zusätzliche Gabe eines Mineralstoffutters angebracht.
Saugfohlen können etwa ab 4 Wochen nach der Geburt ihren Nährstoffbedarf nicht mehr über die Muttermilch allein decken. Das Zufüttern von »Fohlenstartern« aus Milchpulver und Quetschhafer ist notwendig. Auch Ersatzmilch ist angezeigt, zumindest bei zu geringer Milchleistung der Mutter und bei Unverträglichkeitsreaktionen des Fohlens gegenüber der Muttermilch. Liegt eine solche Störung vor, muß die Stute gemolken werden, damit der Milchfluß erhalten bleibt. Das Fohlen säuft später wieder!
Als Stutenmilchersatz eignet sich die »Fohlenmilch« des Handels. Bis zu ihrer Beschaffung kann folgende Mischung verwendet werden: 64 % Kuhmilch, 32 % Wasser, 100 g Milchaustauscher für Zuchtkälber und 10 g Traubenzucker, die Zusätze gelten pro Liter. Der Milchersatz muß körperwarm geboten werden, Menge und Häufigkeit richten sich nach Alter und Zustand des Fohlens.

In der Regel sollte der Milchersatz mindestens alle 2 Stunden bei einer nächtlichen Pause von 5 Stunden gegeben werden. Neben dem Milchaustauscher kann ab der 3. Woche Fohlenstarter, Quetschhafer und Heu geboten werden.
Absatzfohlen brauchen je nach Wachstumsgeschwindigkeit ausgerichtete Futtermengen und -qualitäten. Eine zu intensive Fütterung führt zu unharmonischem Wachstum von Muskulatur, Fett und Knochen. In keinem Fall sollte nach 12 Monaten ein höheres Gewicht als 60 % des zu erwartenden Endgewichts erreicht werden.
Reitpferde haben einen erhöhten Energiebedarf, er hängt von den Geschwindigkeiten und dem Gewicht des Reiters ab.
Kleinpferde und Ponys haben einen geringeren Energiebedarf, da ihre Haut eine bessere Wärmeisolierung aufweist. Sie verfetten bei guten Weiden und gutem Rauhfutter und zeigen so ein ausgeprägtes Fehlverhalten. Der Energiebedarf wird zu rasch gedeckt. Bei diesen Tieren reicht es beim Abspecken nicht, wenn man die Rationen kürzt. Es müssen eiweiß- und energiearme Futtermittel wie überständiges Gras und Stroh angeboten werden.

Diätetische Futtermittel

Weizenkleie wirkt leicht abführend. Sie muß stets angefeuchtet gereicht werden, nicht mehr als 500 g auf einmal.
Kleietrank besteht aus 500 g Weizenkleie, die in 10 l warmes Wasser gegeben wird und etwa ½ Stunde quellen muß. Dem Trank können bei Bedarf Tees zugesetzt werden.
Leinsamen wirkt durch den hohen Fettgehalt günstig auf die Darmschleimhaut und das Haarkleid. Erwachsene Pferde bekommen bis 100 g pro Tag, Fohlen bis 30 g pro Tag geschrotet. Größere Mengen müssen zur Entgiftung 10 Minuten lang gekocht werden.
Masch besteht aus 1 kg gutem Hafer, 800 g Kleie, 200 g Leinsamen und 20 g Kochsalz. Dieses Gemisch muß nach Übergießen mit heißem Wasser und gutem Umrühren mindestens 2 Stunden lang ziehen und quellen.

Darmtätigkeit, Durchfall und Verstopfungen

Der Kot gibt wesentliche Hinweise auf die Futterverwertung und die Gesundheit des Tieres. Normal beschaffen ist er gut geballt, feucht, glänzend und von grün-braun-gelber Farbe. Der Geruch ist keineswegs stark oder unangenehm. Ein krankhaft veränderter Kot enthält wenig zerkleinerte Futterbestandteile und parasitäre Gebilde. Er ist entweder wäßrig, zerfällt und hat einen unangenehmen Geruch, oder er ist zu trocken und fest geballt.

Stinkender Kot

Er kann durch Futterwechsel, verdorbenes oder schimmliges Futter und bei geschädigter Darmflora auftreten. Ein Futterwechsel muß immer langsam erfolgen. Es darf nur einwandfreies Futter verwendet werden.

Kotfressen bei Fohlen

Es ist unbedenklich. Durch die Aufnahme des körperwarmen Kots der Mutter wird sogar die Entwicklung des Fohlens günstig beeinflußt: Verbesserung der Vitamin-B-Versorgung, Besiedlung des wenig ausgebildeten Dickdarms mit Mikroorganismen, die Verdaulichkeit fester Nahrung wird verbessert. Parasiten im warmen Kot sind nicht ansteckend, dagegen aber im kalten.

Durchfall

Ursachen: Erkältungen, zu kaltes Trinkwasser, Futter verfault, verschimmelt oder gefroren, starker Wurmbefall, plötzlicher Futterwechsel, zuviel eiweißreiches Frühjahrsgras, Begleiterscheinungen von Infektionen.
Beim Saugfohlen tritt Durchfall in der Fohlenrosse der Mutter auf, er ist unbedenklich. Durchfall mit Fieber kann auf eine Bauchfellentzündung oder auf Absterben von Zellbereichen in Blind- oder Dickdarm hinweisen.
Symptome: Kot weich bis dünnflüssig, im Bogen abgesetzt oder ausgespritzt, Poltern im Bauch, oft kolikähnliche Schmerzen, mäßiges Fieber bis 39 °C, abnehmender Appetit, gesteigertes Durstgefühl.
Therapie: Die vermeintlichen Ursachen abstellen! Tiere warmhalten, Bauch mit Stroh abreiben, wollene Decken auflegen. Heftige Durchfälle sind kein harmloses Krankheitszeichen, man muß sofort einen fachkundigen Behandler holen.
Fütterung: gutes abgelagertes Heu und Hafer, Wasser handwarm, gebrühten Hafer- und Leinsamenschleim.
Sonstiges: Bei Durchfall besteht oft die Schwierigkeit, daß sich die Geschwindigkeit der Darmpassage nicht normalisieren läßt. Dies kann konstitutionell oder behandlungsbedingt sein. **Nux vomica D12** verfügt über die nötige Bremswirkung.

Darmträgheit

Dabei funktioniert der Kotabsatz zwar noch, der Kot wird jedoch zu selten abgesetzt. **Lycopodium D12** normalisiert den Ablauf. Eine ähnlich aktivierende Wirkung zeigt **Lachesis D8–D12.**

Verstopfung

Bei Verstopfungen liegen in der Regel Sekretionsstörungen im Dickdarm vor, dort wird zuviel Wasser entzogen. Hier muß die

Darmsekretion angeregt werden, denn meistens bestehen Schwierigkeiten, den verhärteten Kot abzusetzen. Mäßiges Fieber kann in schweren Fällen auftreten. Verstopfungen stehen oft in Verbindung mit anderen Krankheiten, können aber auch bei schlechter Fütterung oder ungenügender Wasseraufnahme auftreten.

Kotbeschaffenheit von äußeren Einflüssen abhängig

Einflüsse	*mögliche Mittel*
Durchfall nach Durchnässung, bei Temperaturabfall	**Dulcamara D4–D12**, 20 Tropfen, 4 Gaben alle 2 Stunden
Verstopfung bei Fohlen nach künstlicher Nahrung	**Aluminia D6**, 15 Tropfen, 4mal täglich
Durchfall bei Aufregung	**Nux vomica D6**
Durchfall nach Temperaturwechsel, nach Trinken großer Mengen kalten Wassers	**Bryonia D6** **Nux vomica** oder **Bryoniar** 3–4 Tage lang 3mal täglich 15–20 Tropfen

Kotbeschaffenheit und Krankheitsbilder

Aussehen	*mögliches Krankheitsbild*
wäßrig, schleimig, oft blutig, aashaft riechend, wird in hohem Bogen abgesetzt	Darmkatarrh, beschleunigte Darmpassage
trocken und klein geballt	zu großer Wasserentzug durch zu lange Darmpassage
trocken, klein geballt, mit Schleim überzogen	Darmentzündungen, Pferdegrippe
heller, trockener Kot	Verstopfungsgefahr durch zuviel Stroh oder Wassermangel

Aussehen	*mögliches Krankheitsbild*
breiig, locker, weich, Geruch faulig oder säuerlich	Darmentzündungen, Darmkatarrh
Durchfall im Wechsel mit Verstopfung	chronischer Darmkatarrh
Absetzen von blutdurchsetztem Schleim	Mastdarmentzündungen
Schaum oder seifige Blasen an der Schweifrübe	Graskrankheit
frisches oder geronnenes Blut, schwarz, teerartig, übelriechend	Darmblutungen
Kot mit frischem Blut, schmerzhafter Kotabsatz	Mastdarmriß
Kot anfangs hart, danach blutige Durchfälle	Blutfleckenkrankheit

Art des Kotabsetzens

Absetzen	*Kotbeschaffenheit*	*mögliche Mittel*
Absetzen im hohen Bogen	wäßrig, schleimig, oft blutig, übelriechend	**Podophyllum D4**, 4mal täglich 10 Tropfen
vergebliche Absetzversuche		**Nux vomica D6**, 2- bis 3mal täglich 15 Tropfen, **Aluminia D10**, 2mal täglich 10 Tropfen
Verstopfung mit häufigem vergeblichen Kotdrang		**Rhus tox.D6**, 3mal täglich 15–20 Tropfen, bis Besserung eintritt

Absetzen	*Kotbeschaffenheit*	*mögliche Mittel*
Kotabsatz mit Schmerzen	schleimig blutig	**Mercurius corrosivus D6,** täglich 15–20 Tropfen, bis Besserung eintritt
angestrengtes Pressen, meist bei Fohlen		**Paraffinum D6**, 3mal täglich 15 Tropfen 4 Tage lang
schmerzhafter Kotabsatz während Fütterung	wäßrig schleimig	**Colocynthis D6**, 4mal täglich 15 Tropfen
schwer auszupressender Kot	wäßrig	**Croton Tiglium D6**, 3- bis 5mal täglich 10–15 Tropfen
Kotabsatz mit schmerzhaften Krämpfen	sehr wäßrig, starker Durchfall	**Bryonia D6**, 3mal täglich 15–20 Tropfen
Kotabsatz in kleinen Mengen	wäßrig, aashaft riechend	**Arsenicum album D4**, 3mal täglich 15 Tropfen, oder D30, 1mal täglich 15 Tropfen

Hilfen bei Durchfall und Verstopfungen

Kotbeschaffenheit	*mögliche Mittel*
Durchfall allgemein	Tee aus **Bohnenkraut, Eibisch, Isländischem Moos, Käslipappel** als Einschütt, **geriebene Äpfel**
lang anhaltender Durchfall	Tee aus **Tausendgüldenkraut** als Trank oder Einschütt, Sud aus **grünen Walnußschalen, Flor de Piedra D3**

Kotbeschaffenheit	*mögliche Mittel*
Durchfall bei Vergiftungen, Blutvergiftungen, blutig stinkend	**Lachesis D8**
Durchfall aashaft stinkend	**Pyrogenium D30**
hell, wäßrig, wunder Afterbereich, Kräfteverfall, Verlangen nach kleinen Mengen Wasser	**Arsenicum album D6**
wäßrig, schleimig, oft blutig, übelriechend	**Arsenicum album D6**, 5mal 20 Tropfen alle 2 Stunden oder **D4**, 3- bis 4mal täglich 10 Tropfen, **Rhus tox. D6, Phosphor D6**
Absetzen von blutig durchsetztem Schleim	**Beinwellkraut** grün oder als Tee, **Carbo vegetabilis D4**, 3mal täglich bis stündlich 10–15 Tropfen, **Mercurius solubilis D12**, wenn Speichelfluß vorhanden ist
Durchfall nach überstandener Kolik auf gärender Basis	**Colocynthis D6**, wenn Durchfall nach Fütterung auftritt
Durchfall im Wechsel mit Verstopfung	**Sulfur C30, Pulsatilla D4–D6** bei sensiblen Tieren, **Sulfur**, 1 Tablette täglich, **Pulsatilla** 3mal täglich 15 Tropfen
Durchfall im Wechsel mit Verstopfung bei erhöhter Temperatur, kaum löschbarer Durst	**Flor de Piedra D3**, 3- bis 5mal täglich 10–20 Tropfen
Verstopfung allgemein	Tee aus **Tausendgüldenkraut, Ackerwinde, Rhabarber** als Trank oder Einschütt, **Nux vomica D6**
Verstopfung nach tagelangem Durchfall	**Nux vomica D6** und **Bryonia D6**, je 3- bis 4mal täglich 10–15 Tropfen

Kotbeschaffenheit	*mögliche Mittel*
Verstopfung bei und nach Infektionskrankheiten	**Nux vomica C30**
chronische Verstopfung bei alten Pferden	Tee aus **Löwenzahnwurzeln** als Trank oder Einschütt, **Aluminia D6** im Wechsel mit **Nux vomica D6** oder **Plumbum aceticum D12, Graphites D12** nur bei phlegmatischen Pferden
trockener, harter, großkalibriger Kot	**Bryonia D4**, stündlich 2–3 Tabletten oder 3mal täglich 15–20 Tropfen, 3–4 Tage lang. Das Mittel ist besonders geeignet, wenn die Tiere großen Durst haben und jede Bewegung vermeiden!
erschwerte Darmentleerung bei gleichzeitigem Ausfluß aus der Scham, schwache Hinterbeine	**Enzianpulver**, täglich 2mal 15 g, warmer **Kamillentee**, **Lilium tigrinum C30**, 3mal täglich 3–5 Tage lang

Kotproben

Sie müssen frisch und frei von Verunreinigungen sein und in einem fest verschließbaren, unzerbrechlichen Gefäß verpackt an die Untersuchungsanstalt eingesandt werden. Dem Gefäß ist eine klare Anschrift und ein kurzer Vorbericht über Krankheitserscheinungen, Verdacht auf bestimmte Parasiten usw. beizufügen. Für das Labor ist auch die Entnahmezeit – Datum und Uhrzeit – wichtig, weil sich daraus das Auswertungsverfahren ergibt. Beobachtungen über parasitäre Formen wie Würmer oder Wurmeier müssen extra beigefügt werden, da sich nicht der ganze »Wurmkreislauf« im Pferd abspielt.

Verdauungskrankheiten in Maul und Schlund

Vorbeugend gilt für alle Erkrankungen in diesem Bereich: einwandfreies Futter ohne Fremdkörper, regelmäßige Gebißkontrolle, Kotuntersuchungen auf unverdaute Bestandteile.

Zahnkrankheiten

Ursachen: Bei einseitiger Fütterung bilden sich infolge ungenügender Mahlbewegungen scharfe Kanten an Ober- und Unterkiefer. Wird wenig Hartfutter gereicht, entstehen Zahnspitzen. Haken, Spitzen und lockere Zähne verletzen die Backen und die Zunge.
Symptome: Kauen erschwert und schmerzhaft. Die Tiere versuchen zu fressen, hören aber bald wieder auf. Häufig fallen röllchenartig vorgekaute Futterteile aus dem Maul.
Therapie: Behandlung der Zähne, unbehandelt magert der Patient ab. Da bei der Entfernung von Haken und Spitzen leicht die Maulschleimhaut verletzt wird, ist ein sachkundiger Behandler notwendig.

Zahnwechsel

Bei der Geburt hat das Pferd bereits die vorderen 3 Backenzähne, alle anderen Zähne wachsen später.
Der Zahnwechsel ist fast immer mit Kauschwierigkeiten verbunden, auffallend langsames, vorsichtiges Kauen. Ansonsten verläuft er meist problemlos. Ist die Zahnung erschwert, hilft **Calci-**

um carbonicum D6, bei Pferden mit hohem Vollblutanteil **Calcium phos. D6**.

Entzündungen der Maulschleimhaut und des Zahnfleischs

Ursachen: Zahnspitzen, schimmliges oder scharfkantiges Futter, saure Gräser, Belecken von Körperstellen, die mit scharfen Medikamenten eingerieben wurden, Verätzungen, Widersetzlichkeiten beim Gebißeinlegen.
Symptome: verstärkter Speichelfluß und Störungen der Futteraufnahme, selten Fieber, übler Mundgeruch, Maulschleimhaut gerötet oder mit Knötchen, Blasen, Geschwüren besetzt und schmerzhaft. Die Schwellung ist mit einem grauweißen oder schmutziggrauen Belag überzogen. Die Schleimhaut des harten Gaumens kann im vorderen Teil anschwellen und über die Schneidezähne hinausragen, sogenannte Froschgeschwulst.
Therapie: Als Futter zunächst nur Kleietrank geben und zwischen den Mahlzeiten einen Maulkorb anlegen. Ein sachkundiger Behandler muß rasch gerufen werden, da derartige Erscheinungen auch im Zusammenhang mit Infektionskrankheiten stehen oder Schwellungen im Bereich des Rachens die Atmung behindern können. Manchmal bringt das Auspinseln des Mauls mit **essigsaurer Tonerde** oder **Salbeitee** Besserung. Dazu wird der getränkte Pinsel ins Maul gesteckt und das Pferd kaut darauf herum. Bei Fieber im frühen Stadium gibt man 4mal in der Stunde **Aconitum D6**. Ist kein Speichelfluß vorhanden, das Maul aber rot und glänzend und die Haut trocken bei gleichzeitiger Pupillenerweiterung, wird **Belladonna D6** 4mal im Abstand von 1 Stunde eingesetzt. Bei reichlichem Speichelfluß mit Eiterabsonderung und Mundgeruch ist **Mercurius solubilis C30** angezeigt, und zwar 3mal täglich 15 Tropfen. Nach etwa 3 Tagen ist eine Futterumstellung auf Grünfutter und zartes Heu angebracht. Säuft ein Pferd wegen der Schmerzen nicht aus der Selbsttränke, gibt man frisches Wasser mit etwas Essig angesäuert.

Krankheiten der Zunge

Symptome: Die Zungenschleimhaut ist fast bei jeder Entzündung der Maulschleimhaut beteiligt. In schweren Fällen quillt die geschwollene Zunge aus dem Maul hervor. Auf der Zunge sind dann Eindrücke der Zähne oder Geschwüre zu sehen. Gleichzeitig ist die Atmung erschwert, man hört schnarchende Atemgeräusche. Sonstige Symptome siehe »Entzündungen der Maulschleimhaut und des Zahnfleischs«.
Durch Fehlschlucken kann eine Lungenentzündung entstehen. Zu den Zungenkrankheiten zählen auch Zusammenhangstrennungen am Zungenboden, auch an der Zunge selbst.
Therapie: Zunge vorsichtig nach oberflächlich eingestochenen Fremdkörpern und Schlitzwunden absuchen. Sind keine Verletzungen vorhanden, reicht die Gabe von **Mercurius solubilis D30**, 3mal täglich je 15 Tropfen 2 Tage lang. Bei Verletzungen ist eine **Tetanusimpfung** notwendig.
Hinweis: Schlitzförmige Längswunden müssen genäht werden. Sind Teile der Zunge abgetrennt, können die Tiere es durchaus lernen, mit verkürzter Zunge zu fressen.

Entzündungen der Ohrspeicheldrüsen

Ursachen: hauptsächlich Kälteeinwirkungen und Infektionen.
Symptome: Die obere Halsgegend und der Kehlgang sind geschwollen und schmerzhaft, meist einseitig. Es treten Schlingbeschwerden, manchmal auch Atembeschwerden, seltener Abszesse auf, Kopf wird oft schief gehalten.
Therapie: Zu Beginn feuchtwarme Kehlkopfpolster mit **Eichenrindentee** oder Umschläge mit **Zinnkrautpulver** und **Honig** machen, dazu Breiumschläge aus **Schellkraut** und **Gerstenmehl**. **Aconitum** und **Belladonna**, Dosierung wie bei Entzündungen der Maulschleimhaut.
Greift die Entzündung auf den Rachenraum über und sind schwere Schluckbeschwerden vorhanden, hilft **Mercurius corrosivus D6–D12**, 3mal täglich 15 Tropfen, 3 Tage lang.

Ein dunkelrot bis blau gefärbter Rachenraum benötigt **Phytolacca D6**, 3mal täglich 15 Tropfen, 3–4 Tage lang. Die Ausheilung fördert **Silicea D12**, bei Drüsenschwellungen hilft **Hepar sulfuris D6**.

Schlundverstopfungen

Ursachen: Der Schlund des Pferdes ist sehr lang und hat einen engen Durchmesser. Die breiteste Stelle liegt kurz hinter dem Kehlkopf, hier bleiben die meisten Fremdkörper stecken. Eine Erweiterung des Schlundes ist an der linken Halsseite als weiche Geschwulst sichtbar. Verstopfungen findet man meistens bei futterneidischen Pferden, die hastig fressen. Infolge schlechten Einspeichelns und Zermahlens bleiben Futterteile im Schlund stekken. Schlundverstopfungen können auch durch Erschrecken beim Abschlucken auftreten.
Symptome: Kopfschütteln, Husten, das Fressen wird unterbrochen, Strecken des Kopfes beim Abschlucken, Scharren mit den Vorderbeinen möglich, Speicheln, manchmal fließen Wasser und Futter aus dem Maul und den Nüstern.
Verlauf: Liegt der Fremdkörper lange Zeit an einer Stelle, entsteht häufig eine brandige Entzündung des Schlundes.
Vorbeuge: Rüben gut zerkleinern, Obstgärten zur Fallobstzeit nicht beweiden.
Therapie: Es muß sofort ein sachkundiger Behandler gerufen werden, der den Fremdkörper mit dem Maulgatter entfernt. Danach wird 2 Tage lang nur weiches Futter gereicht, z. B. Kleietrank.

Entzündungen des Schlundes

Ursachen: Sie treten häufig bei Witterungsumschwung und bei Zugluft auf.
Symptome: Die Rachenschleimhaut ist entzündet, Gaumensegel und Rachenring sind meist einbezogen. Kopfhaltung gestreckt,

Futteraufnahme langsam, behutsam, wird oft unterbrochen. Der Kopf wird beim Abschlucken noch mehr gestreckt, eventuell unruhiges Hin- und Hertrippeln. Schleimiger bis eitriger oder mit Futter vermischter Nasenausfluß beidseitig, Kehlgangslymphknoten geschwollen mit verstrichenem Kehlgang. Temperatur anfangs normal, später Fieber und Störungen des Allgemeinbefindens. Einseitige oder tieferliegende Schwellungen lassen auf Fremdkörper oder Abszesse schließen. Für virusbedingte Entzündungen sprechen eine reibeisenähnliche, mit vielen Knötchen durchsetzte Maulschleimhaut.
Therapie: als Futter Hafer-Leinsamen-Schleim reichen, danach Maulkorb anlegen. Umschläge wie bei Entzündungen der Ohrspeicheldrüse oder Senföl zur äußeren Anwendung. Bei fieberhaften Zuständen **Aconitum** oder **Belladonna**, Dosierungen wie bei den Entzündungen der Maulschleimhaut.
Liegt eine Vergrößerung der oberflächlichen Lymphdrüsen vor, ist die Gabe von **Aluminia D6**, 3mal täglich 20 Tropfen, 3–5 Tage lang, notwendig. Ansonsten gibt man **Apis D4**, jede Stunde 10 Tropfen oder **Lachesis D30**, 3mal täglich 10 Tropfen, 3 Tage lang.
Durch mangelhafte Futter- und Wasseraufnahme kann es sehr schnell zu einer Austrocknung des Körpers kommen, deshalb muß unbedingt ein sachkundiger Behandler zugezogen werden.
Hinweis: Das Pferd vorsichtshalber von anderen Tieren trennen!

Schlundlähmungen

Ursachen: Verletzungen und Infektionskrankheiten mit Beteiligung des Nervensystems, chronische schwarze Harnwinde.
Symptome: Schluckakt gestört oder aufgehoben bei häufig erhaltener Freßlust. Wasser kann eventuell noch geschluckt werden, aufgenommenes Futter und Wasser fließen durch die Nase ab. Anschoppung des Futters in der Speiseröhre.
Therapie: kein Futter geben und sofort einen sachkundigen Behandler holen.

Wunden, Geschwüre und Abszesse im Schlund

Symptome: Anzeichen wie bei Verstopfungen und Entzündungen des Schlundes. Bei Wunden können sich Fisteln bilden, aus denen sich ein Teil des aufgenommenen Wassers, Futterbrei und Speichel nach außen entleert.
Therapie: Behandlung wie bei Wunden und Abszessen. Bei Fistelbildung kann ein chirurgischer Eingriff durch einen sachkundigen Behandler notwendig werden.
Hinweis: Nur weiches Futter verabreichen, Hafer- und Leinsamenschleim.

Speiseröhrenkrampf

Ursachen: Fressen von Giftpflanzen, Allergien, Abschlucken zu großer Bissen.
Symptome: Durch die schmerzhafte Einschnürung der Muskulatur staut sich der Nahrungsbrei oberhalb der verengten Stelle, Speisebrei wird stoßartig ausgehustet. Der gestaute Teil der Speiseröhre ist als derber Strang fühlbar.
Therapie: flüssiges Futter geben, **Ignatia D6** oder **Asa foetida D6**, 4mal im Abstand von 1 Stunde, helfen. Oft ist der zusätzliche Einsatz krampflösender Mittel oder die Gabe von Vitamin-B-Präparaten durch einen sachkundigen Behandler notwendig.

Abmagerung des Pferdes

Hier ist immer zunächst zu prüfen, ob nicht ein Fütterungsfehler vorliegt. Es stellen sich folgende Fragen: Futterration ausreichend? Heu zu alt oder zu wenig Wasser? Fütterung mindestens 3mal am Tag? Futtermittel verdorben oder Futterwechsel in den letzten Tagen? Ganze Körner im Kot?
Muß ein Fütterungsfehler ausgeschlossen werden, ist ein krankhafter Zustand gegeben.

Kardiospasmus

Dabei handelt es sich um einen bei Fohlen auftretenden Verschluß des Endteils der Speiseröhre, also des Magenpförtners. Die Nahrung wird in der Speiseröhre aufgestaut.
Ursachen: Fehlsteuerungen im vegetativen Nervensystem.
Symptome: In der hinteren Drosselrinne entstehen schwammige, beutelähnliche Verdichtungen, die durch Luftbeimengungen plätschern können. Hält das Fohlen den Kopf tief, so entleeren sich Futterbrei und Speichel durch die Nase. Die Fohlen magern durch den Wasserentzug schnell ab. Gleichzeitig sind schwere Beeinträchtigungen des Allgemeinbefindens möglich.
Hinweis: Kardiospasmus kann angeboren oder streßbedingt sein. Eine Behandlung sollte bei streßbedingtem Krankheitsbild von einem sachkundigen Behandler versucht werden.

Verdauungskrankheiten im Magen-Darm-Bereich

Der Darm ist der größte abwehrbildende Faktor, seiner Gesunderhaltung kommt deshalb größte Bedeutung zu. Die Gabe von Antibiotika sollte wenn irgend möglich unterbleiben, denn sie vernichten unter Umständen die Darmflora.

Unspezifische Verdauungsstörungen findet man oft im Frühjahr

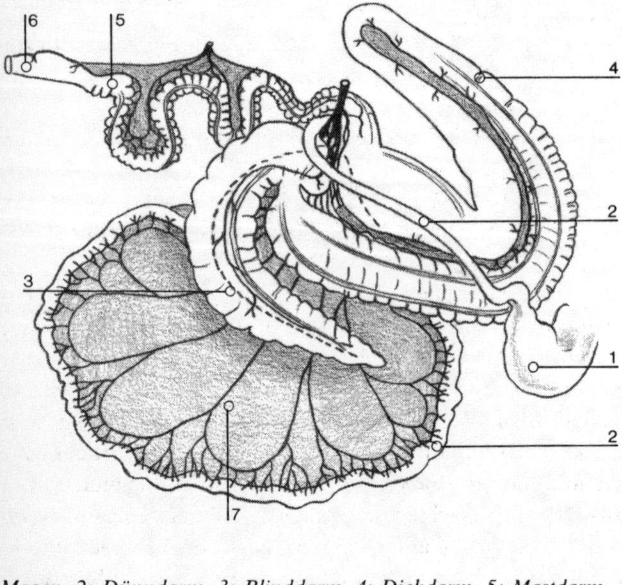

1: Magen, 2: Dünndarm, 3: Blinddarm, 4: Dickdarm, 5: Mastdarm, 6: After, 7: Bauchgekröse.

bei Weidetieren, wenn die Reserven der vorangegangenen Weidezeit aufgebraucht sind, aber auch bei Pferden, die unnatürlicherweise ganzjährig im Stall gehalten werden. Sie entsprechen keinem der nachfolgenden Krankheitsbilder und werden mit dem Universalmittel für Magen und Darm, **Nux vomica,** behoben.
Hinweis: Bei vielen Magen- und Darmerkrankungen, besonders aber bei Darmverschluß, entwickelt sich als wichtiges Begleitsymptom ein Schock.
Bemerkung: Als Folge von Verdauungsstörungen treten fast immer Leberstörungen, häufig verbunden mit Appetitmangel, Abmagerung und Konditionsschwäche auf. Die Funktionstätigkeit der Leber muß bei den Therapiemaßnahmen entsprechend unterstützt werden. Das so oft erwähnte **Nux vomica** hat einen starken Leberbezug. Daneben eignet sich **Flor de Piedra**.

Überladener Magen

Ursachen: nachquellendes oder blähendes Futter, Überfütterung, die Haferkiste wurde leergefressen, ausgehungerte Tiere kommen auf die Weide.
Symptome: Die Tiere erscheinen teilnahmslos, manchmal auch voll großer Unruhe mit heftigem Niederwerfen und Wiederaufspringen, Aufblähungen, längerem Liegen auf dem Rücken, Schweißausbrüchen, Puls und Atmung beschleunigt, hundesitzartige Stellung.
Verlauf: In ungünstigen Fällen kommt es zu einem Magen-Darm-Katarrh. Nach ungeschwitztem Heu und Hafer und nach jungem Klee kann ein Magenriß eintreten.
Therapie: Jede äußerliche Behandlung, wie Flankenreiben und Klistieren, ist aussichtslos! Der Zustand ist immer lebensbedrohend, da das Pferd nicht brechen kann. Als Sofortmaßnahme empfiehlt sich **Nux vomica D6**, bei Wälzen vor Schmerzen **Colocynthis D6,** bei Verschlechterung der Krankheitszeichen mit Hinlegen und gleichzeitig aufgeblähtem Bauch **Carbo vegetabilis D6.** Man gibt jeweils 5–6 Gaben im Abstand von 1–½ Stunde. Ein fachkundiger Behandler ist notwendig, der den Magen instrumen-

tal entleert und spült. Drohendes Magenreißen kann so verhindert werden.
Hinweis: Die Tiere dürfen den 1. Tag nach der Behandlung nichts fressen und nur wenig trinken. Vom 2. Tag an kann eine halbe Ration gegeben werden. Günstig wirkt die Gabe von 1–2 Eßlöffeln **Karlsbader Salz** ins Futter, und zwar einige Tage lang.

Katarrhe und Entzündungen

Darmkatarrh ist eine leichte Entzündung der Magen- und Darmschleimhaut, oft mit einem Maulkatarrh verbunden. Durch die beschleunigte Darmbewegung scheiden die Drüsen der Darmwand übermäßig viel Flüssigkeit aus. Für die Wiederaufnahme der Flüssigkeit im Dickdarm ist keine Zeit vorhanden, es kommt zu Durchfall.
Ursachen: Fütterungsfehler, Aufnahme von Giftpflanzen, Streß, Überlastung junger Pferde durch Transporte, Allgemeininfektionen, Wurmbefall, kaltes Tränken überhitzter Pferde, Gebißfehler, Koppen.
Symptome bei chronischem Magenkatarrh: Die Maulschleimhaut ist klebrig bis trocken, wechselnde Freßlust bis Futterverweigerung, Fressen von Sand, verunreinigte Streu, Lecken an Wänden.
Symptome bei akutem Darmkatarrh: Durchfälle wechseln mit Verstopfung, häufig leichte Kolikanfälle, schlechter Allgemeinzustand.
Symptome bei Darmentzündungen: Kolikschmerzen nach Futteraufnahme, Abgang übelriechender Darmgase, unregelmäßiger Puls, Temperatur erhöht bis 39,5 °C.
Bei allen Formen sind Zusatzsymptome möglich, wie häufiges Gähnen, hochgradige Schwäche, Fieber, Futterverweigerung, Kolikanfälle, mit Kot verklebter Schweif.
Verlauf: Er ist langwierig, bei verspäteter Behandlung gibt es häufig Todesfälle.
Therapie: In leichten Fällen genügt es schon, das Kraftfutter wegzulassen. In das Futter sollten 2mal täglich 1–2 Eßlöffel **Karlsba-**

der Salz und 500 g frisches, zerkleinertes **Schellkraut** gestreut werden.

Therapie bei Magenkatarrh: Bei fieberhaften Zuständen **Aconitum** oder **Belladonna D4–D6.** In seltenen Fällen kann auch **Apis D6** angezeigt sein. Ansonsten kommen **Bryonia** oder **Argentum nitricum D12** infrage. Typisch für Bryonia ist, daß der Patient nach wenigen Bissen wegen der Schmerzen oder des Völlegefühls im Magen aufhört zu fressen. Sind jedoch Speicheln, Leerkauen, polternde Magentätigkeit und ein depressives Verhalten hervorstechend, ist **Argentum nitricum D12,** 3mal täglich 20 Tropfen, passend.

Sind keine der vorgenannten Symptome stark ausgeprägt, gibt man **Nux vomica D6,** 3mal täglich 20 Tropfen. Es reguliert über das Zentralnervensystem den irritierten Magen. Magenstärkend wirken und daher als Begleittherapie durchaus geeignet sind **Baldrianpulver** (20–30 g) oder **Angelikawurzeln** ins Futter gestreut, Extrakt (täglich 6 Teelöffel) von **Ebereschenfrüchten, Frauenmantel** oder **Arnikakraut, Beinwell, Bockshornkleesamen, Gänsefingerkraut, Kamille** als Tee oder als Extrakt.

Therapie bei Darmkatarrh: Eine Gabe **Paraffinöl,** etwa 50–100 g, oder **Leinsamenschleim** stoppt den Durchfall. Zeigt sich leichtes Kolikgehabe, gibt man **Nux vomica D6.** Befinden sich die Pferde auf Weidegang, ist auch **Argentum nitricum D6,** eventuell in Kombination mit **Nux vomica** einsetzbar.

Chronische Reizzustände von Magen und Darm nach Fütterungsfehlern beheben **Nux vomica D6** und **Carbo vegetabilis D6**, Gabe mindestens 10 Tage lang 3mal täglich 15 Tropfen. **Carbo vegetabilis** ist ein hervorragendes Mittel für die Folgen bereits fortgeschrittener und länger bestehender Veränderungen, besonders bei desolatem Kreislaufzustand. Zur Besserung des Kreislaufs sind **China D12** oder **Arsenicum album D12** zuständig.

Ein hervorragendes Mittel gegen Darmkatarrhe haben wir auch in **Symphytum officinalis D12,** deren Schleimsäuren und Gerbsäuren beruhigend auf den Darm wirken. Bei chronischen Darmkatarrhen sollte **Sulfur C30** unterstützend zwischengeschaltet werden.

Nachbehandlung: Nach Besserung ist eine vorsichtige Fütterung

notwendig, da die Magenschleimhäute stark angegriffen sein könnten, vielleicht sind zur Vorverarbeitung des Futters nicht genügend Fermente vorhanden. Man darf nur kleine Portionen von sehr leicht verdaulichem Futter reichen, am besten Kleiemasch, in keinem Fall Klee oder Luzerne, pelliertes Futter oder Hafer. Wasser nur abgestanden und handwarm zur Verfügung stellen! Bei Bedarf kann **Silicea D4** als schleimhautstärkendes Mittel im Zuge der Nachbehandlung eingesetzt werden.
Hinweis: Hört der Durchfall nicht innerhalb von 36 Stunden auf und sind die sonstigen eingangs genannten Symptome noch ausgeprägt vorhanden, muß ein Fachmann gerufen werden. Jede weitere Laienbehandlung wäre gefährlich! Bei vielen Magen- und Darmerkrankungen ist eine rechtzeitige Korrektur des Wasser- und Elektrolysehaushalts oder ein Abbau der Übersäuerung durch Infusionen erforderlich.

Koliken

Eine Kolik ist keine Krankheit, sondern immer ein Hinweis auf Schmerzen im Bereich der Bauchhöhle. Eine Kolik kann allerdings auch durch Schmerzen in anderen Organen vorgetäuscht werden, die eigentliche Krankheit muß dann erst einmal festgestellt werden. In der Regel handelt es sich um Verkrampfungen der Darmmuskulatur oder um Blähungen im Darmtrakt selbst. Die Stärke des Kolikanfalls ist kein Maßstab für die Schwere der Erkrankung. Ein oft nicht besonders gefährlich erscheinender Darmkrampf kann schwerere Erscheinungen hervorrufen als eine ernste Blinddarmverstopfung. Eine Kolik kann tödlich enden, wenn sich der Darm verlagert oder bei Blähungen Magen- oder Darmrisse auftreten!
Ursachen: Hier spielen die anatomischen Besonderheiten des Magen-Darm-Trakts eine wesentliche Rolle. Zum einen ist eine relative Unfähigkeit zu Erbrechen vorhanden, die bei Magenüberfüllung zu einer Magenfraktur führen kann. Zum anderen gestatten das lange Darmgekröse und seine geringe Befestigung dem Dünn- und Dickdarm große Beweglichkeit in der Bauchhöhle.

Hinzu kommt, daß sich im Übergang von weiten in enge Darmteile des Beckenbereichs Futterteile absetzen und Verstopfungen verursachen können.
Das Pferd ist sehr vom Wetterumschwung abhängig und spricht auf Fütterungs- und Haltungsfehler sehr schnell an. 75 % der Koliken sind einfache Verstopfungen durch Stauungen im Dünn- oder Dickdarm. Leicht erregbare Pferde neigen eher zu Koliken. Diese Neigung findet sich oft auch nach früheren Erkrankungen. So hatten zum Beispiel chronische Koliker früher oft Druse.
Gewisse Kolikneigungen zeigen tragende Stuten nach überstandener Tragsackdrehung, auch Stuten mit Unregelmäßigkeiten der Rosse oder nach Schwergeburten.
Symptome: Sie reichen vom einfachen Hochziehen der Oberlippe und Umblicken auf den Bauch bis zu heftigem Schwitzen, Kratzen, Schlagen gegen den Bauch, Wälzen, Stöhnen, Futterverweigerung; meist vergeblicher Versuch, Kot und Urin abzusetzen mit geringen Darmgeräuschen. Kolik kann unter Umständen mit Geburtswehen verwechselt werden.
Kennzeichen: Unnatürliche Körperstellungen und kalte Schweißausbrüche, sie reichen vom Mähnenansatz bis in den Schulterbereich. Umfang und Stärke entsprechen der Heftigkeit des Kolikanfalls. Die Schmerzen und Schweißausbrüche treten intervallmäßig auf, ein hochgradiger Kolikanfall zeigt sich schweißtriefend und dampfend! Sieht man kalten Schweiß an einem beruhigten Tier, kann dies auch den Zustand unmittelbar nach einem Magen- oder Darmriß mitteilen.
Schweregrade: Bei leichter Kolik ist der Puls leicht fühlbar mit erhöhter Schlagfolge bei heftigen Schmerzen. Bei schwerer Kolik zählt man 80 bis 100 Schläge pro Minute, starkes Schwitzen. Als Gedächtnisstütze hier noch einmal: Puls normal 40 Schläge/min.
In schweren Fällen ist die Körpertemperatur unregelmäßig verteilt. Warme und kalte Körperflächen wechseln ab, die Ohren sind bald warm, bald kalt.
Zu den schlechten Zeichen zählen Brechbewegungen, das Sitzen auf dem Hinterteil kündigt meist den nahen Tod an. Stehen mit dem Hinterteil und dabei Knien auf den Vorderfüßen ist meist ein Zeichen für Darmverdrehung oder Darmeinschiebung.

Zu den guten Zeichen zählt die rückkehrende Freßlust, man gibt dann eine kleine Portion Heu und einen Weizenkleietrank.
Starke Verstopfungskoliken dauern gewöhnlich mehrere Tage. Leichte Fälle äußern sich im Abgang reichlicher Darmgase mit rascher Beruhigung und oft plötzlich einsetzender Freßlust. Bei ungünstigen Fällen nimmt die Unruhe zu, die Atmung wird schneller, die Tiere sind zunächst ängstlich, später teilnahmslos und äußerst schwach. Bei Kolik gibt es etwa 10 % Todesfälle, sie treten meist durch Herzlähmung ein.
Erste Maßnahmen: Für alle Kolikformen gilt: Keinen Schnaps einflößen! Er bewirkt lediglich eine schnelle Gefäßerweiterung, aus der sich ein tödlicher Kollaps entwickeln kann. Das gleiche gilt für Koliktränke, die meistens ein Beruhigungsmittel enthalten und so die Symptome verwischen könnten. Sofortige Behandlung durch einen Fachkundigen einleiten!
Sämtliches Futter wegräumen, das Pferd warm eindecken, heiße Umschläge um den Bauch machen, Bauch und Flanken auf beiden Seiten mit Strohwisch etwa 10 Minuten lang kräftig reiben. Ein Ausräumen des Darms ist zwecklos, da die Ursachen damit nicht behoben werden können. Bei Stroheinstreu einen Maulkorb anlegen. Kann sich das Pferd auf den Beinen halten, sollte es im Schritt bewegt werden. Die Pferde auf keinen Fall jagen, das belastete Herz würde sonst noch mehr beansprucht werden. Die Pferde sollten sich bis zur Diagnosestellung nicht wälzen!

Verstopfungskoliken

Ursachen: eine unsachgemäße Fütterung, Wurmbefall, Bewegungsmangel. Der Durchgang im Darm wird durch harte Futter- oder Kotmassen behindert.
Symptome: Geringe bis mittelgradige Schmerzen, ständiges Scharren mit den Vorderbeinen, Umsehen nach dem Bauch, Niederlegen, ruhiges Liegenbleiben, verstörtes Blicken, Schmerzen anfallsweise oder dauernd, Urin- und Kotabsatz erfordern starkes Pressen, es werden aber nur geringe Mengen abgesetzt. Puls etwa 60 Schläge/min.

Therapie: Im Anfangsstadium zunächst **Aconitum D3** geben, es nimmt die Unruhe, spätestens nach einer halben Stunde **Nux vomica D6.** Sind die Schmerzäußerungen und die Unruhe heftig, oder wollen sie nicht abklingen, hilft ein Gemisch von **Nux vomica D6** und **Colocynthis D4.** Typisch für Colocynthis sind das heftige und intervallmäßige Auftreten von Unruhe mit deutlichen Schmerzäußerungen. Stehen vergeblicher Harndrang mit gleichzeitiger Verstopfung im Vordergrund, hilft **Plumbum D4**.
Charakteristisch für dieses Krankheitsbild sind die anomalen Stellungen mit nach hinten gestellten Hinterbeinen, stocksteifem Stehen, gespreitzten oder überkreuzten Hinterbeinen, Kopfhaltung enorm seitlich abgebogen oder S-förmig gekrümmt, typisch dazu Kälteempfindlichkeit!
Besteht Harndrang allein, nützt **Laurocerasus D6.** Dieses Mittel ist auch dann besonders geeignet, wenn der ganze Krankheitsablauf sehr schnell vor sich geht und von besonderer Heftigkeit gekennzeichnet ist.
Dosierung jeweils 15–20 Tropfen im Abstand von jeweils 1 Stunde, in hochakuten Fällen alle 10 Minuten.
Daneben kann sich im Besserungsstadium ein Einschütt aus ½ l Wasser mit 25 g **Hoffmannstropfen** oder eine Lösung von 2 l Wasser mit 200 g **Glaubersalz** empfehlen.
Ein Mastdarmeinlauf mit stallwarmem Wasser oder Seifenwasser ist sinnvoll, wenn die Verstopfung auf das Fressen von zuviel Stroh bei wenig Wasserzufuhr zurückzuführen ist oder wenn von Zeit zu Zeit geringe Darmgase abgehen.
Hinweis: Das kranke Tier muß nach Abklingen der Kolik 1 Tag lang hungern. Fütterung danach wie bei Katarrhen und Entzündungen von Magen und Darm.

Krampfkoliken

Ursachen: Darmkatarrhe durch unsachgemäße Fütterung, Erkältungen, Wetterwechsel.
Symptome: schwere Kolikanfälle! Werden sie nicht behandelt, kann sich der Darm verlagern und eine Verstopfungskolik entste-

hen. Die gestauten Futtermassen beginnen zu gären und führen zu Blähungen.
Therapie: Im Frühstadium bei schnellem Puls und Schweißausbrüchen gibt man **Belladonna D4,** 20 Tropfen alle 15 Minuten. Bei großer Unruhe ist die vorherige Gabe von **Aconitum D3** zu empfehlen. Zusätzlich sollten 50–100 ml **Coffea praeparata** und **Colosan** eingeschüttet werden. Bei heftigen Krämpfen ist noch an **Plumbum D6** zu denken. Überwiegen die starken Schmerzen und gehen wäßriger Kot und Gase ab, hilft **Colocynthis D4**, 3mal täglich 20 Tropfen.
Warmfeuchte Umschläge aus **Quendeltee** wirken unterstützend, ebenso Einreibungen mit **Basilikumschnaps** oder die Gabe von **Beerenabsud aus Wacholder** auf Brot.

Gas-, Wind- oder Gärungskoliken

Ursachen: Anstauungen von Futter und Gasen vor verengten, abgeschnürten oder verstopften Darmabschnitten durch gärendes oder verdorbenes Futter.
Symptome: anfallsweise schwere Kolikanfälle, aufgetriebener Bauch, die tieferen Abschnitte des Darms können auf der rechten Seite meist getastet werden, die Tiere stehen, keine Futteraufnahme, in schweren Fällen Schweißausbrüche, Puls meist nicht über 50. Obwohl die Gaskolik sehr heftig verläuft, ist sie die am wenigsten gefährliche Kolikart.
Verlauf: Kann man die Ursachen nicht abstellen, erfolgt Tod durch Herzschwäche, Magen- oder Darmriß.
Therapie: Als erste Maßnahme kann neben **Aconitum D3** oder **Belladonna D4** als Anfangsmittel **Colchium D6** gegeben werden. Treten neben den Blähungen eine erschwerte Atmung oder Kurzatmigkeit auf, nimmt man **Ammonium causticum D6.** Sind diese Mittel nicht vorhanden, bringt auch **Asa foetida** bei Blähungen eine Besserung. Unterstützend wirken warme Tees als Trank aus **Anis, Kamille** und **Kümmel, grüne Schalen vom Walnußbaum,** aber höchstens 5 Stück pro Tag und Pulver aus **Baldrianwurzel** und **Lindenkohle.** Das Zuziehen eines sachkundigen Behandlers

ist notwendig, weil der Magen unter Umständen künstlich entleert werden muß.
Zur Vorbeugung empfiehlt sich zerstoßenes Arnikakraut.

Graskrankheit

Sie ist eine nervlich bedingte Darmlähmung. Befallen werden Pferde von 3 bis 6 Jahren.
Ursache: unbekannt.
Symptome: ständige Koliken, Spielen mit den Lippen, Wasser läuft durch die Nasenlöcher heraus, Nüstern mit erbrochenem Mageninhalt verklebt, schmutzig-rote Schleimhäute, faulig riechender Atem, Puls und Atmung beschleunigt. Unter der Schweifrübe und am Schweifansatz bilden sich Schaum oder seifige Blasen, heruntergekommener Zustand, Schwund der Hinterhandmuskulatur. Oft wird hundesitzige Stellung eingenommen, stellenweises Schwitzen, Zittern der Schultermuskulatur. Die Erkrankung tritt nur bei Weidegang auf.
Therapie: Bei uns gibt es keine befriedigende Therapie. In der englischen Literatur werden zur Lösung der Lähmungen je nach Lokalisation empfohlen: **Gelsemium** (Kopf), **Plumbum metallicum** (Darm), **Conium** (Hinterbeine) und **Cocculus** (Beine). Überwiegen Muskelzittern und örtlich begrenztes Schwitzen, wird **Zincum metallicum** eingesetzt.

Darmlähmung nach Operationen

Tritt nach Operationen eine Verstopfung auf, gibt man **Plumbum acedicum D6,** 3mal täglich 1/2 Teelöffel mit dem Futter. Und zwar so lange, bis der Kot normal bis breiig ist.

Darmblutungen

Ursachen: Infektionskrankheiten, Vergiftungen, Würmer.
Symptome: Blut im Kot, frisch, geronnen, schwarz oder teerartig, der Kot ist übelriechend. Ist die Darmblutung Begleiterscheinung einer Vergiftung oder einer Infektionskrankheit, gibt es immer ein gestörtes Allgemeinbefinden.
Therapie: Kein Futter geben und einen sachkundigen Behandler rufen. Eventuell ist die Einweisung in eine Tierklinik notwendig. Eile tut not, es kann zu Schockzuständen kommen!

Darmverschluß

Ursachen: Fremdkörper, verklumpte Eingeweidewürmer, Darmverlagerungen. Einklemmungen von Darmteilen treten häufig beim Leistenbruch männlicher Tiere auf.
Symptome: ständige schwere Kolikanfälle mit Schweißausbrüchen, Verschlechterung des Allgemeinbefindens, Blähungen, Puls beschleunigt.
Therapie: Kein Futter geben und sachkundigen Behandler rufen! Unter Umständen ist die Einweisung in eine Tierklinik notwendig.

Mastdarmvorfall

Ursachen: Starkes Pressen durch Reizungen des Mastdarms, Durchfall und Geschwülste.
Symptome: Vorfall einer roten bis dunkelroten Schleimhautgeschwulst aus dem After. Besteht der Vorfall längere Zeit, kann das Darmstück absterben.
Therapie: Man muß die Tiere so stellen, daß das Hinterteil etwa 20–30 cm höher steht als das Vorderteil. Vorgefallene Teile möglichst sauber und warm halten, eventuell mit einem Tuch abdekken, das hochgebunden wird. Sofort einen Tierarzt rufen!

Bauchfellentzündung

Ursachen: Abszesse in der Bauchhöhle, Infektionen in der Bauchhöhle bei inneren und äußeren Verletzungen oder unsachgemäßer Kastration. Bauchfellentzündungen können tödlich enden!

Symptome: ständige Kolikanfälle, Versuche, Kot abzusetzen, Atmung und Puls beschleunigt, steigendes Fieber, schlechtes Allgemeinbefinden, Ohren und Gliedmaßen kalt, keine Freßlust, verspannte Bauchdecke, steifer Gang.

Therapie: Hier ist eine Behandlung nicht besonders erfolgversprechend, unter Umständen hilft ein Versuch mit **Lachesis** in Verbindung mit **Phytolacca**.

Eine Bauchfellentzündung muß von einem Fachmann behandelt werden!

Mangelkrankheiten

Ein absoluter Mangel an bestimmten Nährstoffen tritt vor allem bei den ohnehin nur in ganz geringen Mengen vorhandenen und benötigten Vitaminen, Mineralstoffen und Spurenelementen auf. Relativ häufig ist der Kaliummangel bei ausschließlich im Stall gehaltenen Leistungspferden, der in der Regel mit einem Vitamin-D-Mangel verbunden ist. Wird zuviel Kalzium geboten, tritt gleichzeitig Jodmangel auf. Zu Kalziummangel neigen besonders Kastraten. Mangelkrankheiten äußern sich in erhöhter Übererregbarkeit des vegetativen Nervensystems.

Stoffwechselstörungen

Ein unausgeglichenes Verhältnis zwischen bestimmten Nährstoffen ist ziemlich häufig. So kann das Mengenverhältnis zwischen Kalzium und Phosphor, zwischen Magnesium und Kalzium, zwischen Eiweiß und Energie oder zwischen Eiweiß und Rohfaser gestört sein. Mängel oder Überversorgung in einem Bereich wirken teils unabhängig, teils gegen- oder teils miteinander. Stoffwechselstörungen können auch Folgen unterdrückter Krankheiten sein. Sie sind meist mit Leistungsabfall verbunden. In jedem Fall muß der Körper substituiert werden.
Die Behandlung ist immer Sache eines Fachkundigen. Drüsenanregend und damit allgemein stoffwechselfördernd wirken **Senfsamen,** junges Kraut von **Kerbel,** pulverisierte **Molke, Löwenzahntinktur, Wacholdertropfen** und **Wacholder-, Wermut-** oder **Schafgarbentee.**

Entfettung

Eine Entfettung zu dicker Tiere ist nur angeraten, soweit die Verfettung nicht durch Stoffwechselstörungen bedingt ist.
Therapie: verminderte Futtermenge, keine mästenden Futtermittel wie Mais, Entfettungsmittel von **Iso** und **Maisbart-Tee**. In vielen Fällen baut auch **Calcium carbonicum** den überflüssigen Speck ab.

Tetanie

Diese Krämpfigkeit wird durch einen Kalziummangel im Blut hervorgerufen. Dabei treten Krampfanfälle auf, die denen bei Tetanus ähnlich sind, und zwar nach langen Transporten, bei Fohlenstuten einige Tage nach der Geburt oder beim Absetzen des Fohlens. Es hilft **Belladonna D4,** bei fetten Stuten **Calcium carbonicum D6,** 3mal täglich bis stündlich 15–20 Tropfen. Zu Beginn der Heilung werden oft große Mengen Urin abgesetzt.

Schwarze Harnwinde

Das ist eine plötzlich eintretende, entzündliche Veränderung der Kruppenmuskulatur mit weitgehender Zerstörung der Muskelzellen.
Ursachen: Zerstörungen der Kreuz- und Kruppenmuskulatur vor allem durch Milchsäure, die sich nach schwerer Arbeit dort angesammelt hat. Bei mäßiger Bewegung werden die Milchsäure und die anderen Ermüdungsstoffe in das Blut ausgeschieden und aus dem Körper entfernt. Kreuzschlag tritt meist bei Arbeitsbeginn auf, wenn die Tiere nach schwerer Arbeit bei guter Fütterung einige Tage nicht bewegt wurden. Gute Fütterung fördert die Bildung von Milchsäure.
Symptome: Nachlassen des Arbeitseifers, Schwäche und Steifheit der Hinterbeine, Zittern, Schweißausbrüche, beschleunigter Puls, Temperatur mäßig erhöht.

Dauert die Krankheit länger, kommt es zu harten Verspannungen der Kruppenmuskulatur und Absetzen von dunkelrotem bis tintenschwarzem Urin. Es erkranken nicht nur gutgenährte Tiere.
Therapie: Die Pferde müssen bei den ersten Symptomen sofort in den nächsten warmen Stall gebracht werden. Geschieht dies nicht, ist ein baldiger Tod möglich. Bei rechtzeitiger Behandlung durch einen Fachmann kann man die volle Einsetzbarkeit wieder erreichen. Wichtig ist eine reichliche Wärmezufuhr im Lenden- und Kruppenbereich durch Einreibungen oder Auflagen, **Leinsamen-** oder **Kartoffelpackungen.** Auf jeden Fall muß man versuchen, die Pferde stehend zu halten. Liegende Pferde müssen täglich einige Male umgedreht werden.
Tritt bei schwarzer Harnwinde gleichzeitig eine Schlundkopflähmung auf, sollte mit dem sachkundigen Behandler beraten werden, ob eine Therapie überhaupt sinnvoll ist. Im frühen Entzündungsstadium hilft **Aconitum** oder **Belladonna,** eventuell in Verbindung mit **Bellis perennis C30,** wenn viel dunkler Harn anfällt. Die weitere Behandlung richtet sich nach den Symptomen: **Arnika C30** bei Angst vor Berührungen, **Bryonia C30** bei Steifheit und Bewegungsunlust, **Rhus tox. D12** bei Besserung in der Bewegung.
Dosierungen: C30 3mal täglich 15–20 Tropfen, 3 Tage lang, D12 3mal täglich 15 Tropfen.
Beim Abklingen der Krankheitserscheinungen werden die betroffenen Muskelpartien mit **Arnikatinktur** eingerieben.
Während der Krankheit darf nur Stroh und reichlich Wasser gegeben werden, keine Eiweißfuttermittel, kein Hafer.

Herz und Kreislauf

Herz, Kreislauf und Atmung sind voneinander abhängig. Ist ein Teil dieser Dreiergruppe geschwächt, ergeben sich Beeinträchtigungen in den übrigen Bereichen.
Ein gesundes Pferd atmet durch die Nasenlöcher, niemals durch das Maul. Die Luft gelangt über die Nasengänge, den Kehlkopf und die Luftröhre in die Lungen. Hier wird der Sauerstoff in das Blut aufgenommen und Kohlendioxid abgegeben. Das sauerstoffhaltige Blut bringt den Sauerstoff zu den Muskeln und in das Gewebe. Sauerstoff wird zur Erzeugung von Wärme und Energie benötigt. Je intensiver ein Pferd arbeitet, um so höher ist der Sauerstoffbedarf.
Die Leistungsfähigkeit eines Pferdes hängt von einem gut funktionierenden Herz- und Kreislaufsystem ab. Bevor krankhafte Veränderungen auftreten, versuchen die nicht betroffenen Herzmuskeln, einen eventuell vorhandenen Fehler durch Mehrarbeit auszugleichen. So kann ein vererbter oder erworbener Herzfehler lange Zeit hindurch unentdeckt bleiben. Fast alle inneren Krankheiten führen zu einer Belastung des Kreislaufs.
Wichtige Symptome einer Minderleistung von Herz und Kreislauf sind Störungen des Herzrhythmus, Atemnot, Blaufärbung der Schleimhäute, geschwollene Gliedmaßen. Ausgeprägte Veränderungen des Kreislaufs führen zu Tachykardie, also zu völlig unrhythmisch schlagendem Herzen bei hochgradiger Atemnot.
Am häufigsten erkranken Sportpferde. Durch die Leistungsanforderungen kommt es bei ihnen zunächst zu einer Vergrößerung der Muskeln der linken Herzkammer und zu ihrer Ausdehnung, wenn das Herz den erhöhten Anforderungen nicht mehr entsprechen kann.

Herzschwäche, Herzmuskelentzündungen, Herzerweiterungen

Sie können plötzlich auftreten oder sich langsam entwickeln. Der Herzmuskel ist bei fast allen fieberhaften Erkrankungen und Koliken angegriffen. Bei zu früher Arbeitsaufnahme, Herumjagen und bei Koliken ist immer eine Entartung des Herzmuskels möglich.
Ursachen: fieberhafte Infektionskrankheiten, ein nicht ausgeglichener Herzfehler, Vergiftungen und Überanstrengungen.
Symptome: Puls und Atmung sind beschleunigt, verstärkte Herztöne, sie sind häufig schon von weitem hörbar, verdickte Adern, blaugefärbte Schleimhäute, verringerter Harnabsatz, rasches Ermüden, weiche Schwellungen der Gliedmaßen, Schlauch und Unterbrust besonders bei längerem Stehen.
Therapie: Das Tier muß in die Hände eines sachkundigen Behandlers. Bei übermäßigen Anstrengungen, wie dichtem Turnierprogramm, bei Unfällen, Ausbrechen aus der Weide, Schwergeburten, Aufstehversuchen beim Festliegen gibt man vorbeugend **Arnika D6,** bei fieberhaften Erkrankungen **Crataegus D1,** Extrakt von **Arnika, Hirtentäschel,** vorbeugend **Liebstöckel** oder **Wacholderbeeren** auf Brot, 1mal täglich 20 Tropfen. Bei langem Nachschwitzen im Stall hilft **Natrium muraticum D12**.

Gefäßschwächen

Ursachen: schwere Infektionskrankheiten und Vergiftungen.
Symptome: beschleunigter Puls, pochende Herztätigkeit, Abkühlung von Ohren, Gliedmaßen und der ganzen Haut. Die Gefäßschwäche ist oft mit Herzschwäche verbunden. Sie ist eine häufige Todesursache bei Infektionskrankheiten.
Therapie: Abreiben der Haut mit Strohwischen, **schwarzer Kaffee** als Einschütt, im Notfall auch **Carbo vegetabilis D6** in Kombination mit **Veratrum album D4,** jede halbe Stunde 10 Tropfen.

Veränderter Herzrhythmus und Atemrhythmus

Ein unregelmäßiger, verlangsamter oder gesteigerter Puls weist immer wie die Atemnot auf Herzerkrankungen hin, vorausgesetzt, es werden keine ungewohnten Anstrengungen verlangt. Dies gilt auch für Pferde, die während der Arbeit plötzlich stehen bleiben.

Herzklappenfehler

Ursachen: Sie sind angeboren oder durch Infektionskrankheiten bedingt, oft auch durch Entzündungen oder Verletzungen der Herzklappen bei Überanstrengungen entstanden.
Symptome: leichtes Ermüden, Atmung und Puls bei der Arbeit beschleunigt, auch bei sehr langsamer Beruhigung in körperlicher Ruhe, der Herzstoß kann an der linken Brustseite sichtbar sein, in fortgeschrittenen Fällen zeigen sich Schweratmigkeit und Fieber, das Allgemeinbefinden ist meistens nicht gestört. Eine Heilung ist ausgeschlossen, man kann lediglich versuchen, den Herzfehler auszugleichen.
Therapie: Eine genaue Diagnose kann nur ein sachkundiger Behandler stellen. Das Tier braucht Ruhe und muß unbedingt geschont werden!

Blutarmut, ansteckende

Ursachen: Virus.
Symptome: Müdigkeit, schwankendes Fieber bis 40,5 °C, eventuell Durchfall, Schleimhäute milchig weiß bis porzellanfarben, häufiger Harnabsatz, Freßlust vermindert, Abmagerung innerhalb kurzer Zeit, Schwellungen an den Beinen und am Bauch. Innerhalb kurzer Zeit tritt Tod durch Entkräftung ein.
Therapie: Hier muß unbedingt ein sachkundiger Behandler gerufen werden.

Blutfleckenkrankheit

Die Wände der Blutgefäße sind angegriffen. Es kommt zu Blutungen oder blutigen Ergüssen der Schleimhaut und Unterhaut, auch in den Eingeweiden.
Ursachen: alte, eitrige, jauchige Geschwüre in den inneren Organen, z. B. nach Druse oder Lungenentzündungen.
Symptome: Futterverweigerung, mäßiges Fieber, Schwellungen an Vorbrust, Bauch, Schlauch, Gliedmaßen und Kopf, die bald zusammenfließen, blutige Flecken auf den Schleimhäuten und an der Nasenscheidewand. Der Kot ist anfangs hart, später folgen blutige Durchfälle. Atmen und Schlucken sind erschwert, es droht Erstickungstod.
Therapie: Auch hier kann nur ein sachkundiger Behandler helfen.

Erkrankungen der Atemwege

Ponys haben von Natur aus etwas aufgewölbte Nasenhöhlen. So wird die kalte Luft temperiert, ehe sie in die Lungen strömt. Pferde mit ausgeprägtem Ponykopf zeigen ähnliche Merkmale. Sie neigen weniger leicht zu Erkältungskrankheiten als Südpferde, die darauf eingerichtet sind, trockene Luft anzufeuchten statt anzuwärmen.

Bei allen Erkrankungen des Atembereichs ist die Unterscheidung wichtig, ob nur die zuführenden Wege wie die Bronchien, die Lunge oder beides erkrankt sind. Genaue Aussagen kann nur ein sachkundiger Behandler treffen, da die eigentlichen Kennzeichen erst beim Abhören respektive Abklopfen der Brustwand erkannt werden können. Die Lunge steht in enger Beziehung zu den Schleimhäuten und den Nieren, sie hat einen wesentlichen Einfluß auf den Stoffwechsel und alle Ausscheidungen. Die Lunge braucht viel Bewegung.

Bei allen Erkrankungen der Atemwege gilt: Arbeit erst dann, wenn der übliche Nasenausfluß nachläßt. Lieber einen Tag länger einen Kleietrank geben als einen Tag zu früh Heu!

Hinter allen Erkrankungen der Atemwege stehen drohend die Dämpfigkeit und die Luftsackvereiterung. Nicht jeder Husten muß unbedingt zur Dämpfigkeit führen. Wenn aber die Allergiebereitschaft durch innerorganische und äußere Einflüsse bereits gefördert ist, bleibt sie meistens nicht aus! Viele Lungenerkrankungen lassen sich vermeiden, wenn die Pferde nicht zu mastig gefüttert werden.

Jede Erkrankung der Atmungsorgane kann, besonders wenn mit Atemnot verbunden, auch eine Herzkrankheit sein. Deshalb muß immer ein Fachmann hinzugezogen werden.

Fütterung: Die gereichte Ration sollte nur aus angefeuchtetem Heu und Stroh und aus gequetschtem Hafer bestehen. Bei Nasenausflüssen muß das Futter auf dem Boden gereicht werden, damit die Absonderungen besser abfließen können. Bei allen Atemwegserkrankungen sollte zu den nachgenannten Medikamenten **Vorarlberger Pferdepulver** gegeben werden, auch in der Rekonvaleszenzzeit.

Nasenbluten

Das ist eine rasseeigentümliche Erkrankung von Rennpferden, gelegentlich tritt sie auch bei deren Kreuzungen auf. Überempfindliche Pferde bekommen Nasenbluten bei Zufuhr von körperfremdem Eiweiß.
Ursachen: Es können erbliche Veranlagungen, Überanstrengungen und Veränderungen der Blutbeschaffenheit durch Krankheiten sein.
Therapie: Hört eine Blutung nicht nach etwa 15 Minuten auf, muß ein sachkundiger Behandler gerufen werden, da tödliche Blutungen möglich sind. Vorher gilt Ruhigstellen, Hochhalten des Kopfes, Nase nicht heben, damit Blut nicht in die Luftröhre und die Lungen fließt. Umschläge mit Eis oder kaltem **Zinnkrautabsud** auf die Stirn, auch **Hamamelis D3** leistet Gutes.

Nasenkatarrh

Ursachen: Verkühlungen, Fremdkörper, Staub.
Symptome: schleimiger Nasenausfluß ein- oder beidseitig, kein Fieber und keine Störungen des Allgemeinbefindens. Ein reiner Nasenkatarrh heilt bald aus. Ein Katarrh kann aber auch ein möglicher Vorbote von Infektionskrankheiten wie Pferdegrippe, Druse oder Rotz sein.
Therapie: Die Tiere dürfen nicht arbeiten, frische Luft ist wichtig, Zugluft muß vermieden werden. Bei Temperaturanstieg muß ein sachkundiger Behandler gerufen werden.

Entartung der Nasenmuscheln und Geschwülste

Ursachen: Gewebszerstörungen und Geschwulstwachstum sind relativ häufig, sie führen zu Veränderungen am Gesichtsschädel.
Symptome: einseitige Auftreibungen bei zumeist jungen Pferden, die Knochen sind oft weich, Atembehinderungen mit schnarchenden Geräuschen, schleimiger oder blutiger Nasenausfluß.
Therapie: Hier kann nur ein sachkundiger Behandler helfen, da die Ursachen vielfältig und Operationen oft notwendig sind.

Geschwollene Lymphknoten im Kehlgangsbereich

Ursachen: Sie treten bei langwierigen Entzündungen im Kopfbereich auf, normalerweise sind die Lymphknoten nur bohnengroß.
Therapie: Liegen keine weiteren Krankheitszeichen vor, genügen wärmende Einreibungen, ein Schwitzverband, ein Breiumschlag aus **Schellkraut** und **Gerstenmehl** oder **Zinnkrautpulver mit Honig** und die Gabe von **Echinacea D1–D3.** Bei Futterverweigerung und leichtem Fieber prüft man die Größe der Kehlgangslymphdrüsen. Bei Veränderungen muß sofort **Aconitum** oder **Belladonna** gegeben werden. Ist das Aconitum- oder Belladonnastadium bereits vorbei, hilft **Mercurius solubilis**. Verhärtungen der Lymphknoten werden mit **Jodum D30** angegangen.

Katarrhe und Vereiterungen des Luftsacks

Ursachen: Sie treten meistens nach Druse oder infolge von Katarrhen der oberen Luftwege auf.
Symptome: einseitiger, oft eitriger Ausfluß aus der Nase beim Abschlucken von Futter oder Wasser, gestreckte Kopfhaltung, Atembeschwerden beim Abschlucken, die obere Halsgegend ist druckempfindlich, Vorwölben des Luftsacks im Bereich der Ohrspeicheldrüse. Ein Katarrh ist langwierig, im fortgeschrittenen Stadium ist die Atmung erschwert.

Therapie: warmes Kehlkopfpolster, das Futter am Boden geben. Bei Temperaturerhöhungen und örtlichen Entzündungsreaktionen gibt man **Aconitum** oder **Belladonna,** macht feuchtwarme Umschläge und wärmeerzeugende Einreibungen. Das Tier sollte von einem Fachmann behandelt werden!

Geschwollener Kehlkopf

Ursachen: Entzündungen bei Druse, Katarrh der oberen Luftwege, Schwellungen bei Blutfleckenkrankheit, Milzbrand, Nesselfieber, Verätzungen, Insektenstiche.
Symptome: zunehmende Atemnot mit schnarchenden, röchelnden Atemgeräuschen.
Therapie: kalte Umschläge um den Kehlkopf, möglichst mit Eis! Da akute Erstickungsgefahr droht, muß ein sachkundiger Behandler gerufen werden.

Kehlkopfpfeifen

Es entsteht durch gestörte Kehlkopffunktionen. Bei Kleinpferden und Ponys ist es nicht bekannt, am häufigsten tritt es bei Sport- und Rennpferden auf. Der Leistungsabfall ist jeweils abhängig von der Schwere der Störung.
Ursachen: Schädigung des Kehlkopfnervs.
Therapie: Besserung bringt ein Saatblatterbsenpräparat von **Heel.** Eine Heilung ist nur durch eine Operation möglich. Bei Rennpferden wird oft ein Tubus in die Luftröhre eingesetzt; er kann übrigens auch bei Druse und heftigem Nesselfieber notwendig sein.

Katarrhe und Vereiterungen von Kiefer- und Stirnhöhle

Ursachen: Katarrhe der Luftwege, Zahnwurzelentzündungen, Geschwüre.
Symptome: schleimiger bis eitriger, einseitiger Nasenausfluß, meistens bei gesenktem Kopf, Tränenfluß des gleichseitigen Auges. Im fortgeschrittenen Stadium zeigt sich eine aufgetriebene Kiefer- oder eine verdickte Stirnhöhle, die Knochen sind weich mit oberflächlichem Aufbrechen. Bei Beklopfen entsteht kein oder nur ein dumpfer Ton. Häufig führen derartige Erkrankungen gleichzeitig zur Schwächung der Nieren. Die Vereiterung kann den Knochen zerstören und die Atemwege verschließen.
Therapie: sofort einen sachkundigen Behandler rufen! Warme Umschläge auf die erkrankten Höhlen mit Kopflappen machen. Bei wäßrigem Nasenausfluß **Allium Cepa D4** geben. Wird das Sekret dicker, hilft **Kalium clor. D4,** 3mal täglich 20 Tropfen, in chronischen Fällen **Cinnabaris D4** oder **Luffa D3**.
Bei Vereiterungen ist es möglich, daß der Patient plötzlich viel frißt oder säuft und dann wieder fast nichts zu sich nimmt. Der Grund dafür ist in den gelegentlichen Eiterentleerungen zu sehen. Das Mittel für diesen Fall ist **China D6.**
In allen Fällen sollte zusätzlich **Echinacea D4** gegeben werden. Unterstützend wirken **Eukalyptus-** und **Kamillendämpfe**. Bei chronischen Fällen hilft **Mercurius sublimatus ruber D12**.

Halsentzündungen

Entzündungen in der Kehlgegend sind immer mit Schluck- und Atembeschwerden verbunden. Sie stehen oft in Zusammenhang mit Magen- und Darmkatarrh.
Ursachen: Erkältungen, Infektionen, Bremsenlarven.
Symptome: Fieber bis 40 °C, Mattigkeit, Schluckbeschwerden, Futter und Wasser fließen aus der Nase, schmerzhafter, trockener, bellender Husten. Bei Druck auf den Kehlkopf läßt sich der Husten leicht auslösen. Erschwerte Atmung mit Rasselgeräu-

schen. Schwillt die Stimmritze zu, kann Futter in die Lunge geraten. Es besteht die Gefahr einer brandigen Lungenentzündung.

Therapie: feuchtwarme Wickel oder **Prießnitzverband,** statt Wikkel kann der Kehlgang mit **Jodtinktur** oder **Lorbeeröl** eingepinselt werden, vorher die Haare entfernen und ein warmes Tuch darüber legen. Bei quälendem Husten täglich 3–5 Eßlöffel **Karlsbader Salz** in das Futter geben, Inhalationen mit heißem Wasserdampf oder Tees.

Man füttert zartes Grünfutter in kleinen Portionen, warmen Trank mit Leinsamenschleim, Eibischpulver, kein kaltes Wasser geben. Als Fiebermittel hilft **Aconitum** oder **Belladonna D6,** alle 2 Stunden. Schreitet die Krankheit fort, gibt man alle 2 bis 3 Stunden **Apis D3.** Zeigen diese Mittel keine überzeugende Besserung, hilft **Mercurius solubilis D6**. Chronische Halsentzündungen sprechen auf **Sulfur jodatum D4**, 3mal täglich 15–20 Tropfen, etwa 14 Tage lang, oder die **Eigenblutbehandlung** an.

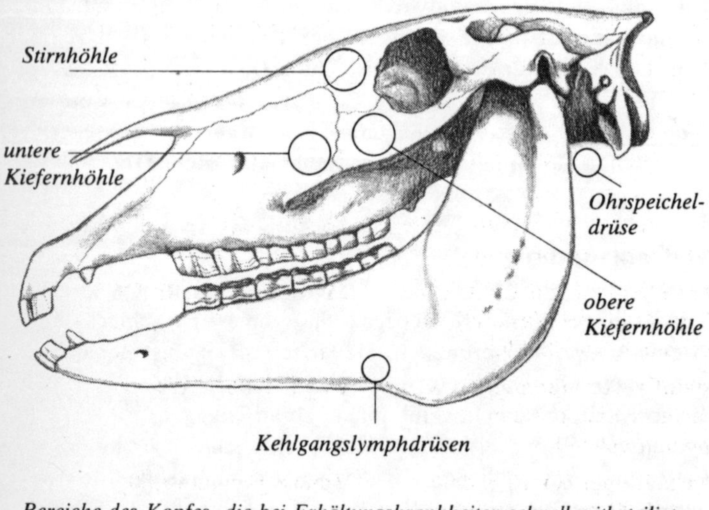

Bereiche des Kopfes, die bei Erkältungskrankheiten schnell mitbeteiligt sind.

Erkältungskrankheiten

Ursachen: Sie werden durch verschiedene Virusstämme verursacht und sind hoch ansteckend.
Symptome: Freßunlust, Lustlosigkeit, Schüttelfrost, Temperaturen von 39,5–40 °C, erhöhter Puls, schleimig-eitriger Nasenausfluß, der die Drüsen noch nicht beeinträchtigt.
Therapie: Isolierung, eindecken, Beine bandagieren, da sie besonders leicht kalt werden. Frische Luft, aber kein Durchzug, leichte Diät mit Kleiemasch und Heu. Man gibt **Aconitum** und **Echinacea D4,** Einreibungen der Nase mit **Bärlauchtinktur**. Bei Verschlimmerung entsteht in der Regel ein Nasenkatarrh. Vorbeugend wirkt ein Ameisensäure-Zitronen-Obstessig-Gemisch über das Futter gesprüht.

Mittel gegen Katarrhe und Schnupfen

Art des Katarrhs	*mögliche Mittel*
mit Augenbeteiligung, Bindehautentzündung	**Euphrasia D6**
mit wäßrigem Ausfluß aus Auge und Nase	**Allium Cepa D3**
mit geschwüriger Maulschleimhaut	**Phytolacca D12**
mit röchelnder Atmung, Eiter trieft aus der Nase	**Lachesis D12**
mit Fließschnupfen, eitrigem Schleim in der Nase, übelriechendem Speichelfluß	**Mercurius solubilis D6**
ständig wiederkehrender Katarrh, Schnupfen dick, eitrig, faulig riechend	**Hepar sulfuris C30**
hartnäckiger Katarrh, der nach Erkältungen oder Lungenentzündungen fortbesteht	**Kalium jodatum C30**

Hustenmittel

Art des Hustens	*mögliche Mittel*
bei erstem Hustenanfall	**Aconitum D4–D12**
Kitzel-, Krampf-, Bellhusten	**Drosera D4, Ipecacuanha D4** bei nervösen Tieren, Pulvermischungen aus **Drosera D1, Cuprum aceticum D3** und **Ipecacuanha D3** zu gleichen Teilen, 3–5mal täglich ½ Teelöffel
trockener Reizhusten, der aus der Luftröhre oder dem Kehlkopf kommt	**Laurocerasus D3**
anfallsweiser Husten verschiedener Formen	**Arnika D4–D6**
trockener Husten mit Schmerzen, Tier bewegt sich ungern, starker Durst	**Bryonia D4–D6**
ständige Hustenanfälle	**Kalium jodatum D6**
trockener, schmerzhafter Husten mit blutigem Auswurf	**Phosphor D12**
chronische Atemwegserkrankungen im Sommer mit eiweißähnlichen Sekreten	**Natrium muraticum C30**
trockener Husten	**Mercurius solubilis D6**
Husten mit Atemnot durch Schleimanhäufungen	**Phellandrium D6**
Husten mit stinkender Atemluft	**Pyrogenium D15**
trockener Husten durch trockenen Kehlkopf	**Belladonna D4–D6**

Dosierungen wie bei den Entzündungen. Als Ergänzung kann **Vorarlberger Hustenpulver** empfohlen werden. Allgemein wirkende Mittel sind **Hagebutten mit Honig** als Tee oder Dampf, je eine Handvoll Pulver aus **Thymiankraut, Veilchenblüten, Fenchelsamen, Eibischwurzeln** oder **Quendeltee, Königskerzentee.**

Verschleppte Erkältungs- und Infektionskrankheiten

Durch Fieberzustände ist der Organismus stark belastet. Sichtbare Zeichen hierfür sind ein äußerst schlechter Zustand mit Nasenausfluß, Husten, Kurzatmigkeit, Temperaturen knapp über 40 °C, schneller, unregelmäßiger Puls, die Bindehäute sind rot bis schmutzig verfärbt. In diesem Zustand sind **Echinacea D3** und **Ferrum phos. D4** richtig, 3 bis 4mal täglich 1/2 Teelöffel vor dem Füttern.
Bei Neigung zu Erkältungen helfen **Magnesium D12** und das Einreiben der Nüstern mit frischem **Zwiebelsaft, Bärlauchtinktur** oder **Quendel-Vaseline-Gemisch**.

Husten und Pferdegrippe

Das sind meistens Entzündungen der Innenwände der Bronchiolen, also der kleinen Lufträume in den Lungen. Husten ist eine der häufigsten Erkrankungen mit oft unheilbaren Folgekrankheiten, wie Kehlkopfpfeifen und Dämpfigkeit. Stärkerer Husten führt durch Bakterienbesiedlung schnell zu Verschleimungen und Entzündungen der oberen Luftwege.
Ursachen: Virusstämme! Die Krankheit ist sehr ansteckend bei hoher Sterberate, besonders gefährdet sind junge Fohlen.
Symptome: farbloser oder wäßriger Nasenausfluß, anfangs kurzes Fieber, das meist unbemerkt bleibt. Länger anhaltender Husten, er ist rauh, trocken, schmerzhaft. Keine Schwellungen der Augenbindehäute oder der Drüsen.
Therapie: Liegt die Temperatur über 38,5 °C, muß man einen sachkundigen Behandler zuziehen. Keine schleimlösenden Medikamente verwenden, sie verstärken nur den Hustenreiz. In allen Fällen ist die Gabe von **Echinacea D4** und täglich 10 g **Vitamin C** angeraten, man streut es über das Futter. Unterstützend wirken

Einreibungen im Bereich von Kehlkopf und Luftröhre mit wärmeerzeugenden Präparaten und das Inhalieren einer Mischung aus **Eukalyptus-, Menthol-** und **Latschenkiefernöl,** je 1 Löffel Öl auf 1 l heißes Wasser, 3mal täglich 10–15 Minuten lang.

Husten im ganzen Bestand

In diesem Fall muß man sofort einen sachkundigen Behandler zuziehen. Es gibt hier viele mögliche Ursachen, der Husten kann sich unter den Tieren wie eine Epidemie ausbreiten. Vorbeugende Maßnahmen sind daher besonders wichtig!
Tiere mit abgeklungenem Husten muß man absondern und getrennt füttern. Die Entscheidung, wann sie nicht mehr ansteckend wirken, ist schwierig. Bei Schutzimpfungen müssen alle Tiere des Bestands geimpft werden. Schutzimpfungen haben natürlich den Nachteil, daß sie nicht alle Virusstämme erfassen.

Druse

Fieberhafter Katarrh von Nase, Rachen, Kehlkopf und Atmungsorganen mit Vereiterung der Lymphdrüsen im Kehlgang. Der Verlauf ist um so stürmischer, je jünger der Patient ist. Bei Fohlen endet Druse oft tödlich.
Ein mehrmaliger Befall ist möglich. Druse muß nicht immer mit einer Erkältung verbunden sein.
Ursachen: Die ansteckenden Bakterien werden durch Nasenschleim und eitrigen Auswurf übertragen, also durch Absonderungen.
Symptome: Sie ähneln denen bei Erkältungen und treten plötzlich auf. Hinzu kommen mehrere Fieberschübe über 2–3 Wochen, eitrig-schleimiger Nasenausfluß, die Lymphdrüsen sind stark geschwollen und druckempfindlich. Die Lympknoten vereitern und brechen meistens nach außen durch. Der Eiter kann sich auch in den Luftsack entleeren. Durch Schwellungen im Kehlkopf und in der Nasenhöhle kann es zu Fehlschlucken und damit zu Erstik-

kungsgefahr kommen. Ein Verschleppen der Ansteckungsstoffe auf dem Blut- und Lymphweg in andere Körperregionen ist möglich, damit werden weitere Eiterherde gesetzt. Oft hält der Husten monatelang an.
Fohlen müssen auch im Winter abgehärtet werden! Erkältungen sollten immer sofort behandelt werden, weil die Bakterien sich sonst in den Schleimhäuten festsetzen.
Therapie: strenge Isolierung! Ein sachkundiger Behandler ist notwendig, um eine Ausbreitung der Eiterherde zu verhindern. Im frühen Fieberstadium gibt man **Aconitum** oder **Belladonna.** Der weitere Einsatz von Mitteln richtet sich nach der Art des Nasenausflusses. **Phytolacca C30,** 3mal täglich 4 Tage lang, ist angezeigt, wenn die benachbarten Lymphknoten oder Speicheldrüsen anschwellen und hart werden.
Unterstützend wirken **Karlsbader Salz,** 3mal täglich 1 Eßlöffel auf das Futter, und Dampfbehandlungen, nach denen die Nüstern gewaschen und mit Vaseline eingecremt werden. Man macht Wärmeverbände im Kehlgangsbereich, feuchte Kehlkopfpolster mit Abkochungen aus **Rainfarn, Leinsamen** oder **Heublumen** und pinselt die Drüsenbeulen 1mal täglich mit **Jodtinktur** oder **Lorbeeröl** ein.
Das Öffnen der Eiterbeulen wird durch einen sachkundigen Behandler vorgenommen, da leicht die Kinnbackenarterie verletzt wird. Solange Appetit vorhanden ist, gibt man gutes Heu und Grünfutter, Masch oder Weizenkleietrank. Die Fütterung am Boden begünstigt das Abfließen des eitrigen Ausflusses. Der Stall muß gut gelüftet werden, das Stallgerät wird täglich desinfiziert.

Lungenkatarrhe und Bronchitis

Sie treten allein oder in Verbindung mit Druse und Halsentzündungen auf.
Ursachen: Erkältungen oder Infektionen.
Symptome: Fieber bis 40 °C und darüber, Appetitmangel, beschleunigte Atmung mit häufigem kräftigen Husten. Eine Verwechslung mit Lungenentzündungen ist möglich. Bei schwinden-

dem Fieber wird der Husten feuchter und lockerer, es entsteht schleimiger Ausfluß, die Atmung beruhigt sich, es bleiben Rasselgeräusche zurück. Ein Übergang in eine Lungenentzündung ist immer möglich.
Therapie: Im beginnenden Stadium gibt man **Aconitum** und andere Fiebermittel. Danach ist bei bellendem Husten **Kalium jodatum D3–D12** angezeigt, 3mal täglich 15 Tropfen. Es baut den Husten und die feuchten Sekrete ab! Sind die Sekrete mild und wäßrig mit vereinzelten Eiterklumpen, ist die Gabe von **Silicea D4** und **Kalium sulfuricum D8,** je 3mal täglich 15 Tropfen, über einen längeren Zeitraum angezeigt. Bei allen anderen Bronchitiden wird **Ammonium jodatum D4** gegeben. Nach der Entfieberung muß man in allen Fällen **Sulfur C30,** 1mal täglich, 5 Tage lang geben.
Unterstützende Maßnahmen: Nasse Umschläge um die Brust, Einreibungen mit **Wacholderöl,** Inhalationen mit Sud aus **Heublumen** und **Kamille, Senfumschläge** oder **Huflattichtinktur** auf Brot. Kein kaltes Wasser geben, die Stalltemperatur darf nicht unter 15 °C liegen. Chronische Bronchitiden sprechen gut auf **Eigenblutbehandlung** an.

Influenza

Bei Influenza erkranken die Schleimhäute und das Blut.
Ursachen: Viren.
Symptome: plötzliches Auftreten der Krankheit, hohes Fieber um 41 °C, Schwäche, geschwollene Augen, Schleimhäute gelbrot, heiß und trocken, häufiges Gähnen, vermehrter Durst, kein Appetit, Kot trocken, fest geballt und mit Schleim überzogen, schmerzlose Anschwellungen an Bauch und Gliedmaßen.
Therapie: Sofort einen sachkundigen Behandler rufen! Man muß Fiebermittel einsetzen.
Für die unterstützende Therapie gelten die Hinweise wie bei Bronchitis.

Lungenentzündung

Die Erkrankung beginnt in den unteren Teilen der Lungenlappen und dehnt sich nach oben aus. Schwellungen und entzündliche Ausschwitzungen blockieren Teile der Lunge, so daß Luftmangel entsteht.
Ursachen: virale und bakterielle Infektionen, Katarrhe der Luftwege, Verkühlungen, unsachgemäßes Eingeben von Medikamenten, Fehlschlucken und dadurch verursachte brandige Lungenentzündungen.
Symptome: Freßunlust, Schwäche, schmerzhafte Atmung, schwieriges und schnelles Einatmen. Bei Befall beider Lungenflügel treten erhebliche Störungen der Herztätigkeit auf, es gibt Fehlfunktionen durch Sauerstoffmangel. Das Fieber ist heftig und hält bei über 40 °C an, Husten kann anfangs fehlen. Nasenausfluß tritt beidseitig auf, er ist schleimig bis eitrig.
Therapie: Unbedingt einen Tierarzt rufen, da ein Antibiotikaeinsatz notwendig sein kann. Bei beginnender Lungenentzündung gibt man **Aconitum** und die sonst üblichen Fiebermittel.
Die weitere Behandlung ist auf die Lösung des Reizhustens ausgerichtet, um einen weiteren Kräfteverfall zu verhindern und die Wiederherstellung der befallenen Lungenteile zu sichern. Geeignete Mittel dafür sind **Acidum sulfur. D4** und **Phosphorus D6–D12** in zweistündigem Wechsel mit **Bryonia D6,** das besonders bei hartnäckigem trockenen Husten hilft. Die Sekretabfuhr übernimmt **Ammonium jodatum D6,** morgens und abends je 15 Tropfen.
Ist die Lungenentzündung durch Einschütten entstanden, ist **Hepar sulfuris D3** oder **Kalium sulfuricum D6,** 3mal täglich 15–20 Tropfen, angezeigt. Bei einsetzender Genesung sollte in allen Fällen **Sulfur C30** 10 Tage lang gegeben werden.
Unterstützende Maßnahmen: **Anispulver** oder **Beinwellwurzeln** gehackt mit Honig in das Futter geben, sowie Wickel um die Brust machen. Kalte Wickel helfen bei Fieber über 40 °C, heiße Wickel bei Fieber unter 40 °C. Verfüttert wird gutes, nicht staubendes Heu, Grünfutter und Kleietrank.
Die Tiere dürfen nicht arbeiten, der Stall muß gut gelüftet sein,

keine Zugluft! Vorbeuge: Erhitzte Pferde nicht tränken, verschwitzte Pferde trockenreiben oder eindecken, keine Zugluft, flüssige Medikamente sehr vorsichtig einschütten!

Dämpfigkeit

Nach nicht voll ausgeheilten Erkrankungen der Atemwege entsteht oft Dämpfigkeit. Durch Risse verbinden sich mehrere Bronchialäste zu größeren Räumen, es kommt zu einem Emphysem. Die normale Einatmung bringt dem Tier zu wenig Luft, daher beobachtet man rasches, zweimaliges Einatmen hintereinander. Da aber auch das Ausatmen Schwierigkeiten macht, wird die Bauchmuskulatur als »Atemhilfsmuskulatur« in Anspruch genommen. Neben der Lunge sind auch alle Schleimhäute des Körpers an der Erkrankung beteiligt.
Ursachen: verschleppte Katarrhe der Luftwege, Druse, Allergien. Manchmal mußten die Tiere trotz Atemwegserkrankungen arbeiten; übermäßige Anstrengungen und im Gegensatz dazu auch Bewegungsmangel.
Symptome: Die Pferde haben guten Appetit und scheinen völlig gesund. Auffällig ist das angestrengte Atmen! An der seitlichen Bauchwand wird bei jedem Atemzug eine sich von vorn nach hinten ziehende Rinne parallel zum Rippenbogen sichtbar, die sogenannte Dampfrinne. Aufblähen der Nüstern, starke Bewegung der Flanken, bei größerer Anstrengung kann die Atemberuhigung bis zu 2 Stunden dauern.
Tiefer, tonloser Husten, besonders beim Fressen, Nasenausfluß mit manchmal blutigen Streifen, der Druck auf den Dämpfigkeitspunkt wird als schmerzhaft empfunden. Eine fieberlose Kurzatmigkeit findet man auch nach Lungenleiden oder bei krankhaften Veränderungen des Herzens.
Langsame Verschlechterungen und leichte Besserungen des Zustandes sind in der kalten Jahreszeit möglich.
Therapie: Die Tiere brauchen viel frische Luft, Staubbildung muß vermieden werden, das Heu wird vor der Fütterung in Wasser getaucht. Nicht überfüttern, da ein guter Futterzustand die

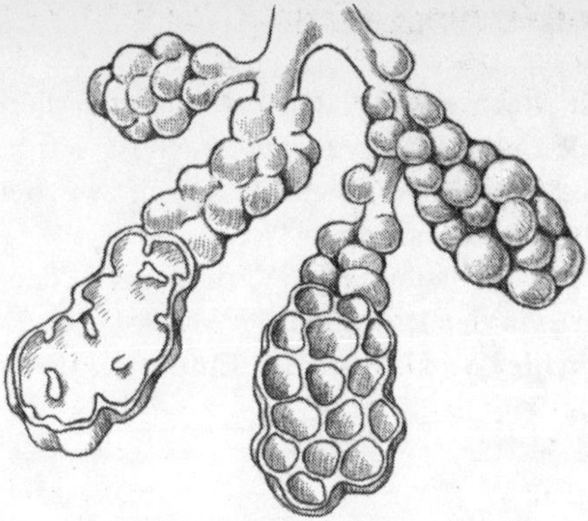

Werden die Alveolen überdehnt, kommt es zu Hohlraumvergrößerungen, zum Emphysem.

Schweratmigkeit fördert. Die Tiere gehören in die Hände eines sachkundigen Behandlers.

Eine Heilung ist in hochgradigem Zustand nicht möglich! Cortison und Antibiotika bringen nur einen vorübergehenden Erfolg. Besser ist eine auf die Erhaltung der noch funktionsfähigen Fasern der Alveolen ausgerichtete Behandlung.

Man gibt **Acidum formicidum D6** in die Nervenpunkte auf beiden Seiten des Widerristes und unterstützt die Wirkung mit **Kalium arsenicosum D4** und **Veratrum album,** die die Schleimhautreste aus den Bronchien entfernen. Zur Nachbehandlung wird **Silicea D 30** eingesetzt, damit die Gewebe der Lunge wieder gestärkt werden. Zusätzlich müssen **Apis** und **Berberis** als Nierenmittel verabreicht werden, weil Atmung und Nieren eine starke Beziehung zueinander haben. In den meisten Fällen empfiehlt sich die Zugabe eines Herzpflegemittels, wie **Crataegus** oder **Laurocerasus,** eventuell auch von **Lachesis.**

Brustfellentzündungen

Das Brustfell deckt wie eine dünne Membrane die Brust ab und umschließt die Lungen, bei Entzündungen ist es trocken. Im fortgeschrittenen Stadium kann sich Flüssigkeit zwischen den beiden Lagen des Brustfells ansammeln.
Ursachen: Lungenentzündung, Verletzungen der Brusthöhle, Drusenabszesse in der Brusthöhle.
Therapie: feuchte Wickel bis zum Eintreffen des sachkundigen Behandlers.

Nasenausfluß

Aussehen	*einseitig*	*beidseitig*	*mögliche Krankheit*
schleimig, eitrig, manchmal mit Futterteilen vermischt bei erhobenem Kopf		x	Entzündung des Schlundes
schleimig, eitrig, manchmal mit Futterteilen vermischt bei gesenktem Kopf		x	Erkrankung des Luftsacks
blutig bei gestrecktem Kopf		x	größere Wunden im Schlund
aufgenommenes Futter und Wasser fließen aus der Nase		x	Schlundlähmung
Wasser läuft beim Saufen aus den Nasenlöchern			Graskrankheit
Blutungen an der Nase			Blutfleckenkrankheit
Nase tropft nach der Arbeit, wäßrig			Hier liegt keine Krankheit vor!

Aussehen	*ein-seitig*	*beid-seitig*	*mögliche Krankheit*
zähflüssiger Ausfluß, weiß oder grau durch beigemengten Stallstaub, mit großen Luftbläschen			harmlose Erkrankungen der oberen Luftwege
wie oben, aber mit kleinen Luftbläschen			gefährliche Erkrankung der Lunge oder der Luftröhre
graugelbe bis gelbe Reste, meistens nach zähflüssigem weißen Nasenausfluß			Virusinfektion der oberen Luftwege
klumpiger, gelblichweißer Eiter bei Tiefhalten des Kopfes	x		Entzündungen der Nasenhöhlen, Luftsäcke oder Kiefernhöhlen
kleine Blutbeimengungen im Nasenausfluß			Sie sind unbedenklich!
große Blutbeimengungen			Sofort Behandler holen!
gelblichweißer Ausfluß, eitrig-schleimig		x	Druse
farbige Beimengungen im Ausfluß			entstehen durch Futterbestandteile
dunkelrotes Blut	x		Nasenbluten
dunkelrotes Blut, mit Futter durchsetzt		x	Magenblutung
hellrot-schleimiger Ausfluß			Lungenblutung
schleimiger Ausfluß	x	x	Nasenkatarrh, Entartungen der Nasenmuscheln

Aussehen	*ein-seitig*	*beid-seitig*	*mögliche Krankheit*
schleimiger bis eitriger Ausfluß, meist bei gesenktem Kopf	x		Stirn- und Kiefernhöhleneiterung
Abfließen von Futter und Wasser aus der Nase			Halsentzündung
schleimig-eitriger Fluß			Erkältungskrankheiten
geringe Mengen farbloser oder wäßriger Flüssigkeit in Ruhestellung		x	Pferdegrippe, Husten
lockerer, schleimiger Fluß			Bronchitis
schleimiger bis eitriger Fluß		x	Lungenentzündung
rostbrauner Fluß		x	Brustseuche
Ausfluß ist mißfarben und übelriechend, meistens nach Hustenstoß		x	Lungenbrand
mißfarbener bis blutiger Ausfluß, übelriechend			Blutfleckenkrankheit

Nasenausfluß riecht oft faulig!
Bei Nasenausfluß und gleichzeitiger Atemnot muß sofort ein sachkundiger Behandler gerufen werden!

Hinweis: Ist der Nasenausfluß weiß-zähflüssig, kann auch der Harnstoffgehalt des Körpers zu hoch sein.

Nieren- und Blasenerkrankungen

Sie sind bei Pferden relativ selten. Treten sie allerdings auf, gehen sie unbehandelt sehr schnell in ein chronisches Stadium über. Bei Bakterienbefall verschlimmert sich die Situation. Bei jeder Nierenerkrankung wird Eiweiß, das zur Reparatur und zum Aufbau der Muskeln und Gewebe benötigt wird, über die geschädigte Niere mit dem Urin ausgeschieden. Die Leber geht leer aus! Die Nieren werden restlos überlastet, die Abfallprodukte des Stoffwechsels können nicht verarbeitet und ausgeschieden werden.
Die Niere hat nur eine schwache Heilungs- und Erneuerungskraft. Bei der Therapie muß daher immer **Apis** verwendet werden.
Harntreibend und damit entgiftend wirken frische **Birkenblätter, Brennessel** und **Petersilie,** von ihr gibt man höchstens 50 g pro Tag. Neben den genannten Mitteln kann man zusätzlich in Form von Tee als Trank oder als Extrakt auf Brot 2mal täglich je 25 Tropfen **Bärentraubenblätter, Birkenblätter, Goldrute** und **Schafgarbe** bei Nierenentzündungen und **Ehrenpreiskraut, Lindenblüten** und **Weidenrinde** bei Blasenleiden geben.

Nierenentzündungen

Sie treten bei jungen Pferden selten auf, sind aber etwa vom 15. Jahr an chronischer Natur.
Ursachen: Erkältungen, Vergiftungen, Begleitsymptome anderer Krankheiten.
Symptome: Konditionsverlust bei gutem Appetit, mattes bis fiebriges Befinden, Krümmen des Rückens, häufiges Urinieren, die

Harnmenge ist verringert, bis kein Urin mehr kommt, vermehrte sexuelle Reizung, Urin dunkel bis blutig. Im verschleppten Stadium tritt Abmagerung ein, Nahrung wird nicht mehr aufgenommen.
Therapie: Die Tiere dürfen nicht arbeiten, trockene Wärme auf die Nierengegend geben, Hafersäckchen! Einen fachkundigen Behandler hinzuziehen.
Bei akuten Fällen mit Fieber hilft **Apis D6** als Hauptmittel, dazu **Lachesis D8** als Kreislaufstütze oder **Cantharis D4** bei gleichzeitiger Blasenentzündung. Man gibt **Berberis D3**, wenn sich der Patient ungern bewegt, **Mercurius corrosivus D6–D12** bei starker Hinfälligkeit und Gefahr der Harnvergiftung.
Chronische Fälle sind schwer heilbar. Hier wird der Urin durch Eiter weißlich, die Menge nimmt stark ab. Mit **Silicea D4,** 3mal täglich 1–2 Tabletten, kann noch einiges gerettet werden. In verschleppten Fällen bringt meist nur noch **Sulfur C30** Hilfe.

Hodenentzündungen

Sofern sie nicht auf Verletzungen beruhen, werden sie mit **Calcium jodatum D4** in Verbindung mit **Arnika D3** und **Apis D3** angegangen.
Man muß unbedingt einen Tierarzt rufen, da immer Brucelloseverdacht besteht.
Bei Penislähmungen gibt man **Gelsemium D6** oder **Plumbum aceticum D6,** beides in Verbindung mit **Hypericum D3.**
Ein nach längerem Stehen verdickter Schlauch kann ein Hinweis auf eine Herzkrankheit sein.

Kastration

Die Hoden sind für die Entwicklung des Körpers und des Temperaments außerordentlich wichtig, daher wird eine frühe Kastration abgelehnt. Sie ist erst vertretbar, wenn die Hengste lästig werden, also etwa im Alter von Jährlingen. Die Kastration ist

Sache des Tierarztes, vorher ist eine Tetanusimpfung notwendig. Zur Operationsvorbereitung gibt man 1 Woche lang vorher **Arnika D3.**
Bei Harntröpfeln nach der Kastration hilft **Chantharis D4,** 3mal täglich 1 Tablette.

Nieren- und Blasenschmerzen

Sie sind immer sehr schmerzhaft und können lediglich mit **Hypericum D3** gelindert werden.

Harnkoliken

Ursachen: Erkältungen, Krämpfe im Blasenhals, die Tiere können während der Arbeit nicht urinieren, Verstopfungen der Harnröhre durch Steine und Grieß.
Symptome: Kolikähnliches Hinlegen und Aufspringen, vergebliche Versuche, Harn abzusetzen. Kann der Stau nicht gelöst werden, platzt die Harnblase wegen Überfüllung.
Therapie: Man erreicht eine Harnentleerung durch Aufstallen auf Stroh und Abwischen des Bauches mit terpentinölgetränkten Strohwischen. Harnfördernd wirkt auch ein Sud aus **Wacholderbeeren** oder Einschütt aus **Kamille,** versetzt mit 10 g **Hoffmannstropfen. Nux vomica D6** bewirkt bei Pferden ein sofortiges Urinieren.
Stehen Krampfzustände im Vordergrund, nützen **Belladonna** oder **Berberis D3.** Bei nymphomanen Stuten bewirkt **Bufo D30** eine psychische Lockerung. Auch **Sabal D3** ist in der Lage, größere Urinmengen freizusetzen. Nach Sabal sollte jedoch **Lycopodium D30** und **Berberis D3** im Wechsel eingesetzt werden. Man gibt alle 30 Minuten 10 Tropfen, bei D30 1mal täglich 15–20 Tropfen.

Harnblasenlähmungen

Symptome: geringer Harnabsatz in dünnem Strahl, Unruhe, später Harntröpfeln, Umgebung der Scham oder des Schlauches leicht verschmutzt. Der Übergang in eine Blasenentzündung ist möglich.
Therapie: **Conium D4** 3 mal täglich 10–15 Tropfen, 5 Tage lang, wenn der Urinfluß häufig unterbrochen ist. Sonst gibt man **Gelsemium D3,** 3mal täglich 15–20 Tropfen. **Causticum D6** hilft bei ständigem Harnträufeln. Unterstützend wirken **Hagebuttenkerne,** fein zerstoßen und mit Honig vermischt, etwa 3 Eßlöffel pro Tag.

Harnruhr

Ursachen: Meistens liegen Gehirnerkrankungen, Nierenentzündungen, die Gabe von verdorbenem Futter oder von Medikamenten zugrunde.
Symptome: Typisch ist das häufige Absetzen meist großer heller Urinmengen, die Tiere sind leicht ermüdbar, starker Durst, Schweißausbrüche.
Therapie: Ein sachkundiger Behandler muß sofort hinzugezogen werden.
Unterstützend wirken **Bärlapptinktur,** 2mal täglich 10 Tropfen auf Brot, oder grüne Schalen von **Walnüssen,** höchstens 5 Stück pro Tag. Tritt sichtliches Wohlbehagen nach Absetzen größerer Mengen Urin auf, kann dies durchaus auch ein Zeichen für Herzkrankheiten sein.

Blasenentzündungen

Ursachen: Sie entstehen häufig durch Bakterienbefall, aber auch durch Parasiten, Fremdkörper, Verhalten der Nachgeburt, Erkältungen und während der Trächtigkeit.
Symptome: Die Tiere gucken nach hinten, wollen sich entleeren

oder harnen ständig. Ausschachten des Schlauches! Verschleppte Fälle können eine Nierenentzündung verursachen.
Therapie: Im akuten Stadium gibt man **Aconitum D3–D4** oder **Belladonna D4,** wenn der Urin spärlich und blutig ist. **Cantharis D4** hilft bei blutigem Urin und ständigem Pressen, **Berberis C30** bei stinkendem Urin und **Dulcamara** nach Erkältungen. **Sabina D6** oder **D12** gibt man gegen heftiges Pressen. Wegen der antibiotischen Wirkung soll immer **Echinacea-Urtinktur** dazugegeben werden. Dosierung der genannten Mittel: täglich 5- bis 8mal je 10–15 Tropfen, **Berberis C30** 2mal täglich 15 Tropfen.
Ist der Schleimanteil im Urin wesentlich erhöht und zeigt er sich eitrig, sind **Hepar sulfuris D4** oder **Sabal D3** angezeigt, stündliche Gabe.
Im bereits chronischen Stadium helfen **Lycopodium C30** (reichlich Urin nachts), **Natrium muraticum C30** (viel Durst, farbloser Urin) oder **Terebinthina C6** (Harnabsatz schwer, blutiger Urin, süß riechend).
Zur Unterstützung können in allen Fällen warmes **Honigwasser, Brennessel-** oder **Salbeitee** als Trank oder täglich 3–5 grüne Blätter der **Kapuzinerkresse** gegeben werden.

Steine in den Harnwegen

Ursachen: Stoffwechselstörungen.
Symptome: häufiger Harnabsatz, blutiger Urin, Schlauch wird meist ausgefahren, schwere Kolikanfälle.
Therapie: Sofort einen sachkundigen Behandler rufen! **Sabal D3,** alle 30 Minuten 10 Tropfen, setzt große Harnmengen frei, erweitert den Blasenhals und kann so zum Abgang von Steinen führen. **Berberis** wirkt ähnlich, **Lycopodium D12** beugt wie Tee aus **Klettensamen** und **Waldmeister** einer neuen Steinbildung vor.

Geschwülste und Fisteln des Samenstrangs

Ursachen: Infektionen nach Kastration.
Symptome: Die Kastrationsnarbe ist geschwollen und schmerzhaft, gespannter Gang, Fistelbildung mit Eiterentleerung. Meistens ist eine Nachoperation durch den Tierarzt erforderlich!
Therapie: **Silicea D30,** 3mal täglich 15–20 Tropfen. Kein Stroh in die Ställe mit frischkastrierten Tieren geben! Die Tiere bekommen nach der Operation 1 Woche lang **Hypericum D3,** 3mal täglich 15 Tropfen.

Urin als Wegweiser zur Diagnose

Der Urin des Pferdes ist auch bei gesundem Zustand schleimartig und meist trüb.

Aussehen, Geruch, Absetzen	*mögliches Krankheitsbild*
dunkelrot bis tintenschwarz, wird unter Drängen und Stöhnen abgesetzt	schwarze Harnwinde
Menge vermindert oder kein Urinabsatz	Nierenentzündung
vergebliches Urinieren, meist schmerzhaft, Ausschachten des Schlauches	Harnkolik, Harnblasenkrampf, Harnblasenentzündung
Harnabsatz tropfenweise oder in sehr dünnem Strahl	Harnröhrenverengung, Harnblasenlähmung
Harn dunkel bis blutig	Nierenentzündung
häufiges Absetzen von großen Mengen, hell und wäßrig	Harnruhr
häufiges Absetzen, Urin blutig	Blasensteine
Harnabsatz stark verringert	Erkrankung des Herzens

Fruchtbarkeit, Trächtigkeit und Geburt

Tabelle über Fruchtbarkeitszeiten

Durchschnittliche Dauer der Fruchtbarkeit:
Warmblut männlich 2–25 Jahre, weiblich 2–20 Jahre;
Kaltblut männlich 2–12 Jahre, weiblich 4–15 Jahre;
Zeiten bei Ponys entsprechen denen der Warmblüter.
Zeitpunkt der 1. Zulassung:
männlich wie weiblich 36 Monate;
Dauer bei weiblichen Tieren je Hengst:
Warmblut 50–80 Monate;
Kaltblut und Ponys 40–60 Monate.
Zeitpunkt und Dauer der Brunst:
Die 1. Rosse tritt mit etwa 2 Jahren auf. Beginn der Rosse bei Fohlenstuten 7–11 Tage nach der Geburt, Dauer etwa 2–10 Tage.
Wiederkehr der Rosse bei normalem Zyklus nach 21 Tagen.
Maidenstuten rossen oft bis zu 14 Tage lang.
Trächtigkeitsdauer: 11 Monate, Mittelwert.
Säugezeit: 14–18 Wochen.
Tupferprobe:
Die Hengsthalter verlangen für die zu deckende Stute eine sogenannte Tupferprobe. Das ist eine Schleimhautprobe aus der Gebärmutter, sie gibt Aufschluß über einen eventuellen Befall mit Keimen und Krankheitserregern. Eine Stute mit positiver Tupferprobe darf wegen Übertragungsgefahr nicht gedeckt werden. Tupferproben macht jeder Tierarzt.

Fruchtbarkeitsstörungen

Ein Drittel aller Stuten ist mit diesem Leiden behaftet.
Ursachen: Die Eierstöcke können ganz fehlen, nicht genügend ausgebildet oder entartet sein, z. B. bei Zysten. Eine örtlich begrenzte Bauchfellentzündung verhindert das Einnisten des befruchteten Eis in der Gebärmutter. Weitere Ursachen sind chronische Schleimhautentzündungen oder -katarrhe der Geburtswege, Lageveränderungen der Gebärmutter, Eiteransammlungen in der Gebärmutter, Eierstockveränderungen durch Haltungsfehler und extreme Beanspruchung durch Rennen.
Alle Fälle von Fruchtbarkeitsstörungen sind schwer zu erkennen, da eine völlig anomale Rosse und Zyklusfunktion vorliegt. Eierstockstörungen treten meist gegen Ende des Winters auf, zu Beginn der Weide sind sie selten. Die Eierstöcke produzieren zwar zahlreiche Eiblasen, eine vollständige Reifung und ein Eisprung treten jedoch nicht ein. Es wird zu wenig an Reifungshormonen erzeugt.
Verdächtig sind vor allem Stuten mit Ausfluß, Darmleiden oder unregelmäßigem Harnabsatz. Bei verdächtigen Stuten müssen die Tupferprobe und eine Behandlung mindestens 6 Wochen vor der geplanten Zuchtverwendung durchgeführt werden.
Angeborene und zwischenzeitlich erworbene organische Mängel sind einer Therapie nicht zugängig. Auch kleinzystische Veränderungen der Eierstöcke bei älteren Stuten sind meistens unheilbar.
Fruchtbarkeitsstörungen sind immer durch Unregelmäßigkeiten in der Rosse gekennzeichnet. Stuten ohne Rosse haben meist 1 oder 2 große Zysten. Kennzeichnend ist im allgemeinen ein sehr launenhaftes Temperament. Stuten mit Dauerrosse oder unregelmäßiger Rosse haben mehrere Zysten. Ihr Verhalten grenzt an Nymphomanie.
Normale Rossezeichen sind ein verändertes Wesen, Ruhe bei bisher lebhaften Tieren, gutartige Pferde werden bösartig und kitzlig, Quietschen, häufiges Harnabsetzen, Blitzen, Schiefhalten des Schweifs.

Verminderter Geschlechtstrieb

Die Stuten zeigen keine Brunstzeichen, sie sind träge und dicklich. Hier hilft **Pulsatilla D4,** es fördert die Reinigung, und die Brunst wird zeitgerecht vorbereitet. Pulsatilla ist vor allem dann angezeigt, wenn der äußere Schamrand mit einem eitrigen, blutigen Sekret verklebt ist. Pulsatilla kann auch kombiniert mit **Calcium carbonicum D4–D12** angewendet werden. Bei etwas eckigen bis trockenen Stuten empfiehlt sich **Aristolochia D15–D30,** kombiniert mit **Calcium phosphoricum D4–D12.** Besonders Aristolochia hat auf den Hormonhaushalt einen guten Einfluß. Liegt keiner der genannten Stutentypen vor, gehen Sie anders vor:
Bei jüngeren Tieren hilft **Pulsatilla D4** mit **Aristolochia D15,** bei älteren Tieren **Sepia D4** mit **Aristolochia D15.** Sepia greift in den Hormonhaushalt ein, besonders dann, wenn bereits Erschlaffungen vorliegen, die Eckigkeit ausgeprägt ist oder leichte Zeichen einer beginnenden Nymphomanie vorliegen.
Alle genannten Mittel beziehen sich auf den gesamten weiblichen Zyklus. Bei diesen Behandlungen liegen die Aufnahmeraten gleich hoch wie bei Hormonbehandlungen. Ein Abdrücken von Eierstockzysten ist in der Regel überflüssig.
Bei stiller Rosse treten keine sichtbaren Rossezeichen auf. Verläuft die Rosse immer still, kann **Formidium** helfen. Ist sie mit übermäßigen Schweißausbrüchen verbunden, nimmt man **Lachesis D15.** Steht die stille Brunst mit einem verkürzten Zyklus in Verbindung, ist **Cantharis D12** angebracht.
Bei Zuspätkommen, einer Verzögerung des Brunstintervalls oder zu schwacher Brunst gibt man **Pulsatilla D4.** Ist die Rosse zu lang, **Kalium jodatum D6,** ist sie zu kurz, **Kalium carbonicum D6.** Liegen Brunsterscheinungen vor, ohne daß die Stute rossig ist, empfiehlt sich eine Gabe **Sulfur D4,** dazu vorbeugend **Acidum phos. D4** und **Sonnentautee** als Trank. Liegt zwischen der letzten Geburt und der 1. Rosse nach der Geburt eine lange rosselose Zeit, das kommt oft nach Erstgeburten vor, schaffen **Pulsatilla D2** und **Sepia D4** Abhilfe.
Man muß aber immer bedenken: Rossestörungen werden in den meisten Fällen durch psychische Störungen verursacht!

Man füttert Weizenkleie, viel Grünfutter und gibt täglich 15–20 Tropfen Bärlapptinktur auf einem Stück Brot. Die Tiere brauchen viel Bewegung an der frischen Luft, Hengst und Stute kommen auf eine gemeinsame Weide.

Vermehrter Geschlechtstrieb

Es zeigen sich ständig Brunsterscheinungen mit ausgeprägtem Imponiergehabe, die Tiere sind bösartig und kitzlig, sie magern ab, werden unfruchtbar und leiden unter Berührungsempfindlichkeit der Geschlechtsteile. Ursache dafür ist meistens eine Erkrankung der Eierstöcke.
Der ohne erkennbaren Anlaß gesteigerte Geschlechtstrieb kann in vielen Abstufungen auftreten, die ausgeprägteste Form nennt man *Nymphomanie*. Im harmlosesten Fall sind lediglich die äußeren Brunstsymptome heftig mit Schweißausbrüchen und Ausstoßen von großen Mengen wäßrigen Brunstschleims verbunden, das alles bei relativ normalem Zyklus. Die Mittel hierfür sind: **Apis D1** und **Aristolochia D1.**
In der Regel ist ein gesteigerter Geschlechtstrieb mit einem kurzen Zyklus, aber langen, übertriebenen Brunsterscheinungen verbunden. Diese sexuelle Reizung kann mit **Platin D12** oder **Origanon D12** angegangen werden. Origanon als Pflanzenmittel wirkt nicht so tief umstimmend.
Zählen die Stuten zu den erschöpften, energielosen Wesen, die sich weniger auffallend benehmen als die Plantinastuten, ist **Murex D30** das Mittel der Wahl.
Ist der gesteigerte Geschlechtstrieb mit häufigem Wasserlassen und einem verkürzten Zyklus verbunden, wendet man **Cantharis D8** an.
Bei Nymphomanie, Dauerrosse, handelt es sich um einen krankhaft gesteigerten Geschlechtstrieb auf der Basis von Eierstockveränderungen und Stoffwechselstörungen. Auffallend sind vor allem die psychischen Veränderungen und die ständige Unruhe der Tiere. Durch die dauernde sexuelle Reizung und das immer neue Harnverspritzen kommt es zu einer Entzündung der Harnröhre.

Diese Entzündungen können bis zur Niere aufsteigen. Hintergrund einer Dauerrosse sind unter Umständen auch Leber- oder Nierenschäden.
In der Regel sollten die Eierstöcke von einem sachkundigen Behandler untersucht und auch Erkrankungen anderer Organe ausgeschlossen werden. Bei leichteren Rassen ist eine anschließende Therapie mit **Bufo D10,** 10 Tage lang 3mal täglich 15 Tropfen, durchzuführen. Bufo beseitigt zwar die mit dem Urogenitalsystem zusammenhängenden Störungen und damit die nymphomanischen Erscheinungen nachhaltig, kann aber die zystische Entartung der Eierstöcke nicht beheben, es bringt auch nicht einen neuen Zyklus in Gang. Dafür sind **Apis D1** und **Aristolochia D1,** je 3mal täglich 20 Tropfen, 4 Tage lang, zuständig.
Bei schweren Rassen tritt anstelle von Bufo **Aurum C30,** bei Pferden mit hohem Vollblutanteil **Platin C30,** morgens und abends 20 Tropfen, 1 Woche lang. Platin ist auch dann anzuwenden, wenn zu der Übererregbarkeit der Geschlechtsteile eine Berührungsempfindlichkeit kommt. Für Platin sprechen weiterhin eine übermäßig stark durchsaftete Scham, Quietschen bei jeder Berührung, mangelnde Unterordnung und eine bei alldem gleichzeitig vorliegende Verstopfung. Eine Lösung des Gesamtkomplexes, ohne daß Zysten abgedrückt werden müssen, bringt in allen Fällen die Kombination **Aurum metallicum C30** oder **Aurum aceticum C30** mit **Bufo D10.**
Weitere Ursachen für Unfruchtbarkeit können eine offene Scham oder ein mangelhafter Schluß der Scham, beziehungsweise des Scheidenvorhofs sein. Sie sind auf einen zu kurzen Damm oder Geburtsverletzungen zurückzuführen und äußern sich in Blubbern durch Luftansaugen in die Scheide. Dadurch wiederum entstehen eine ständige Reizung und Bakterienbefall der Schleimhäute. Das Blubbern kann auch fehlen oder nur während der Rosse auftreten. Hier hilft nur eine Operation!

Unfruchtbarkeit mit auffälligen Symptomen

Nymphomanie mit starkem Bauchschmerz	**Colocynthis C6,** morgens und abends 20 Tropfen, 1 Woche lang
nymphomanische Erscheinungen mit chronischen Schleimhautentzündungen, Ausfluß	**Aurum jodatum C6,** 3mal täglich 20 Tropfen, 1 Woche lang
nymphomanische Erscheinungen bei mageren Tieren mit überdurchschnittlicher Freßlust, trockener Haut, runzligem Euter	**Jodum C6,** 3mal täglich 20 Tropfen, 1 Woche lang

Erkrankungen der weiblichen Geschlechtsorgane sind fast immer mit Nieren- und Blasenprozessen in ausgeprägter Form verbunden, weil das Blasen- und Nierensystem parallel zum Genitalsystem verläuft. Bei diesem Krankheitsbild ist **Aurum muraticum D30** von einschlägiger Wirkung.

Scheidenentzündungen

Sie können durch den Deckakt oder eine Geburt entstehen. Gelegentlich findet man sie auch bei Stuten, die während der Rosse an einer fiebrigen Krankheit litten.
Symptome: Das Harnabsetzen ist erschwert, entzündlich geschwollene rote Scheidenschleimhaut, zähflüssiger und eitriger Ausfluß. Es wird nur wenig Harn abgesetzt.

Krankheitsbild	*mögliche Mittel*
fiebrige Entzündungen	**Aconitum D6,** 15–20 Tropfen, 3mal im Abstand von 2 Stunden
Harn blutdurchsetzt, tropfenweises Absetzen, heftiges Pressen, Bauchschlagen	**Cantharis D6,** 15–20 Tropfen, 4 Tage lang alle 2 Stunden

Krankheitsbild	*mögliche Mittel*
grünlich-eitriger, blutdurchzogener Ausfluß, blutdurchsetzter Schleimkot	**Mercurius solubilis C30,** 15 Tropfen, 3 Tage lang je 3 Gaben
vermehrte Schleimabsonderung oder rahmartiger Ausfluß, eitrig-blutiges Sekret am äußeren Scheidenrand, Kolikzeichen	**Pulsatilla C30,** 3mal täglich 15 Tropfen, 1 Woche lang, zusätzlich **Causticum D4,** 5mal täglich 15 Tropfen, 1 Woche lang
brennend scharfer Ausfluß, Haut der Geschlechtsteile wund, Unruhe, Durst	**Arsenicum album C2,** 3mal täglich 5 Tropfen, 3 Tage lang
dicker, zäher, scharfer Ausfluß mit entzündetem Euter	**Phytolacca D12,** 3mal täglich 20 Tropfen, 1 Woche lang

Gebärmutterentzündungen

Die Krankheitszeichen reichen von einer Entzündung der Schleimhäute über Entzündungen der Muskelschichten bis zur totalen Vereiterung der Gebärmutter. Sie werden im Anfangsstadium meistens nicht erkannt. Erst die fortgeschrittene Erkrankung macht mit starker Schleim- oder Eiterbildung, durch Sekrettropfen am unteren Schamwinkel, Sekretbahnen an den Innenflächen der Hinterbeine sowie Sekretkrusten und Verklebungen der Schweifhaare auf sich aufmerksam.
Ursachen: Infektionen bei der Geburt oder dem Deckakt, Zurückbleiben der Nachgeburt, mangelhafte Rückbildung der Gebärmutter nach der Geburt, schlechter Verschluß der Schamspalte bei mageren Stuten oder Stuten mit ungünstig verheilten Dammrissen. Bei rechtzeitiger Behandlung ist eine Heilung möglich, sonst droht Unfruchtbarkeit. Unbehandelt kann eine Bauchfellentzündung oder eine Blutvergiftung entstehen.
Symptome: Ausfluß aus der Scham, Fieber, Pulsbeschleunigung, Schüttelfrost, mangelnde Freßlust, eventuell Versiegen der

Milch, geschwollene Gelenke, Lahmheiten. Die Brunst kann trotzdem normal verlaufen.

Therapie: Bei allen Formen von Gebärmutterentzündungen und bei Erkrankungen der Geschlechtsteile ist **Pulsatilla** ein überaus erfolgreiches Mittel. Es verhindert auch Gebärmuttervereiterungen.

Lokale eitrige Prozesse an den Geschlechtsteilen können äußerlich zusätzlich mit **Echinacea-** oder **Calendulalösung** behandelt werden.

Gebärmutterentzündungen vor der Trächtigkeit

Sekretart und Geruch	*mögliche Mittel*
Ausfluß scharf, sahnig, dickflüssig, oder dick, mild, gelbgrün, schmerzhaftes Urinabsetzen	**Pulsatilla C30,** 2mal täglich 20 Tropfen, höchstens 14 Tage lang
Ausfluß grünlichgelb, scharfer Geruch, Schwellungen mit fleckenförmigen Blutungen in der Scheide	**Kreosotum C30,** 2mal täglich 15–20 Tropfen, 10 Tage lang
Ausfluß wäßrigbraun, Scheidenschleimhaut geschwürig	**Acidum nitricum C6,** täglich 15 Tropfen, 10 Tage lang
Ausfluß mit fieberhaften Zuständen	**Aconitum** oder **Belladonna**
Ausfluß klar, mit Eiter gemischt	**Sabina D3** und **Pulsatilla D4,** 5mal täglich 15 Tropfen
Ausfluß blutig, hellrot oder geklumpt, Fieber, Zeichen einer beginnenden Blutvergiftung	**Lachesis D8** und **Sabina D3; Lachesis D8, Echinacea D4** und **Pyrogenium D12** gemeinsam, je 10 Tropfen im stündlichen Wechsel

Gebärmutterentzündungen nach der Geburt

Sie treten meistens in Verbindung mit einer Infektion auf.

Entzündungen mit Fieber	**Echinacea D4** und **Pyrogenium D12,** 4 Gaben im Abstand von 2 Stunden
mit Fieber, Pupillenerweiterung, heiße glänzende Haut	**Belladonna D6,** 4mal täglich 15 Tropfen im Abstand von 1 Stunde
Absonderungen mit hellem, teilweise verklumptem Blut, Blut im Harn	**Sabina D6,** 3mal täglich 20 Tropfen, 1 Woche lang

Hinweis: Auch für erworbene Fruchtbarkeitsschädigungen gelten die Vorbeugungsmaßnahmen wie optimale Haltung und Fütterung, viel Weidegang, ausreichende Versorgung mit Vitaminen, Mineralstoffen und Spurenelementen.

Verweigerungen und Verletzung beim Deckakt

Manche Stute läßt sich trotz normal verlaufender Rosse nicht decken. Das liegt meistens daran, daß die Scheide trocken ist und sich deshalb verschließt. **Natrium muraticum D30** wirkt entspannend. Verletzungen durch den Deckakt werden deutlich sichtbar.
Ursachen: zu starke Belastung, zu heftiger Sprung durch den Hengst, unter Umständen Knochenbrüche, Verletzungen der Scheide.
Symptome: Lahmheiten und Bewegungsstörungen, gespreizter Gang, blutiger Scheidenausfluß, Hochtragen des Schweifes nach dem Deckakt.
Therapie: durch einen sachkundigen Behandler.

Störungen während der Trächtigkeit

Frühembryonaler Fruchttod: Absterben der Frucht im frühen Entwicklungsstadium, wobei die abgestorbene Frucht durch die Gebärmutterschleimhaut aufgesogen wird, meistens in der 4.–5. Trächtigkeitswoche. Stirbt die Frucht später ab, wird sie ausgestoßen, Abort. Wegen der geringen Größe der Frucht wird dies häufig übersehen. Ursache für das vorzeitige Absterben dürfte eine mangelnde Energieversorgung der Stute sein.
Ein frühembryonaler Fruchttod läßt sich durch **Pulsatilla D4** und **Sepia D4** verhindern. Bei blutvergiftungsähnlichen Zuständen der Stute wird das Absterben der Frucht durch **Lachesis D8–D12** verhindert.
Zwillingsträchtigkeit: Zwillinge sind unerwünscht, da sie meistens lebensschwach sind oder nicht lebensfähig geboren werden. Zwillingsträchtigkeit beruht überwiegend auf einer entsprechenden Veranlagung der Eltern. Bei Zwillingsträchtigkeit erfolgt im größten Teil der Fälle der Abort von Natur aus, meist im Wege der Resorption.

Drohender Abort in späteren Trächtigkeitswochen

Ursachen: Verletzungen, körperliche Überanstrengung, schwere Koliken, Fütterungsfehler.
Symptome: Sie gleichen der bevorstehenden Geburt, Absonderung von blutiger Flüssigkeit, allgemeine Unruhe, erhöhter Puls.
Therapie: Man gibt sofort **Aconitum D6,** und zwar 4mal 15 Tropfen im Abstand von 1 Stunde. Später behandelt man nach folgender Tabelle:

auslösende Ursachen	*mögliche Mittel*
Verletzungen	**Arnika D30,** 3 Gaben im Abstand von 1 Stunde, je 20 Tropfen

auslösende Ursachen	*mögliche Mittel*
Erschrecken	**Chelidonium C200,** 2mal 15 Tropfen
hoher Blutverlust mit großer Schwäche	**China D30,** 20 Tropfen, 6 Gaben im Abstand von 1–2 Stunden
hellrote Blutungen, Blut teilweise verklumpt	**Sabina D6,** 15–20 Tropfen, 6 Gaben im Abstand von 1–2 Stunden
Abort mit Erscheinungen von Blutvergiftung, rascher Puls bei niedriger Temperatur oder umgekehrt	**Pyrogenium D30,** 20 Tropfen, 6 Gaben im Abstand von 2–3 Stunden

Virusaborte (infektiös)

Sie treten nach Befall mit Rhinopneumonitisviren auf, die übrigens auch einige Atemwegserkrankungen verursachen. Das Verfohlen erfolgt in der 2. Trächtigkeitshälfte, meist zwischen dem 9. und 10. Monat. Bei Infektionen in den letzten Trächtigkeitswochen sind Früh- und Normalgeburten möglich, die Fohlen sind sehr schwach.
Symptome: Fohlen werden häufig mit Eihäuten ohne Geburtsvorbereitungen oder Krankheitserscheinungen abgesetzt. Nach dem Abort ist das Allgemeinbefinden der Stute nicht beeinträchtigt. Meist erfolgt eine Nachgeburtsverhaltung.
Therapie: Die Behandlung obliegt dem Amtstierarzt. Größte Hygiene und eingeschränkter Kontakt zu fremden Pferden ist angezeigt!
Es kommt noch eine Reihe anderer Bakterien als Ursache für Früh- oder Fehlgeburten infrage, außerdem sind Aborte nach Infektionen mit Schimmelpilzen möglich.

Verfohlen

Jedes Verfohlen ist so zu behandeln, als wäre es seuchenhaft. Auf jeden Fall muß man einen Tierarzt rufen, da unter Umständen seuchenpolizeiliche Maßnahmen eingeleitet werden müssen. Abortierte Fohlen und die Nachgeburt werden bereits in der Abfohlbox in einen dichten Behälter verpackt, der Tierkörper später in einer Veterinäruntersuchungsanstalt untersucht. Danach ist die mehrfache Desinfektion der Abfohlbox notwendig.

Milchverlust der Stute vor der Geburt

Verliert eine Stute vor der Geburt Milch, bekommt das Fohlen weniger Antikörper von der Mutter geliefert. Diese Antikörper sind mütterliche Schutzstoffe, sie dienen dem Fohlen zur Virusabwehr. Sie können vom Fohlen nur in den ersten 36 Stunden aufgenommen werden und gelangen direkt in die Blutbahn. Danach werden sie durch die Verdauung abgebaut und zerstört. Den vorzeitigen Milchverlust findet man häufig bei verzögerten Geburten.

Das rein hormonelle Problem läßt sich schnell mit **Pulsatilla D4,** bei älteren Stuten mit **Sepia D4** angehen. Vorsichtshalber sollte immer eine **Kolostrumreserve,** etwa 200 ml, in einer Tiefkühltruhe bereitliegen.

Geburtsverlauf

Alle Zustände, die irgendwie von der Norm abweichen, erfordern die Hilfe eines Geburtshelfers. Der Geburtsablauf ist problemlos, sofern nicht Lageveränderungen des Fohlens oder Geburtshindernisse von seiten der Stute vorliegen. Die Geburt erfolgt in Vorderendlage, selten in Hinterendlage. Ein menschliches Eingreifen muß ganz ruhig und unter Ansprache des Tieres erfolgen.

Zeichen der herannahenden Geburt sind die Bildung von Pechzäpfchen am Euter. Bei beginnender Geburt steigt die Hauttemperatur, die Stute beginnt zu schwitzen. Einsinken der Kruppe und Einschießen der Milch, 2–9 Stunden vor der Geburt fangen die Wehen an mit Kolikerscheinungen, Niederwerfen, Anstellen zum Harnabsatz. Die Geburt verläuft in 3 Stufen, und zwar meistens nachts, wenn sich die Stute ungestört glaubt. Gesamtdauer bis zu 2 Stunden!

Eröffnungsstadium: Es umfaßt die ersten Anzeichen der Wehen bis zum Platzen der Wasserblase. Die eigentliche Geburt dauert normal 5–30 Minuten. Bei längerer Dauer muß die Lage des Fohlens geprüft und eventuell korrigiert werden.

Austreibungsstadium: Dauer etwa 20 Minuten, es reicht vom Ende der 1. Phase bis zum Erscheinen der weißen Fruchtblase. Die Stuten stehen in dieser Phase manchmal auf, um sich anschließend auf die andere Seite zu legen. Die Fruchtblase platzt meistens, sobald die Vorderfüße des Fohlens erscheinen. Geschieht dies nicht, muß der Helfer die Blase öffnen, sobald der Kopf des Fohlens sichtbar ist. Wird dies unterlassen, erstickt das Fohlen, wenn die Nabelschnur reißt.

Endstadium: Das ist die Zeit vom Ende der 2. Phase bis zum Abgang der Nachgeburt. Sind die Schultern des Fohlens erschienen, legt die Stute meist eine Ruhepause ein. Die Nabelschnur reißt von selbst ab. Das Fohlen wird vor den Kopf der Mutter gezogen, damit sie es trockenleckt und seinen Geruch und Geschmack kennenlernt. Die Stute bleibt bis zu einer halben Stunde nach dem Abfohlen liegen. Dann folgt die Nachgeburt.

Hinweis: Stuten fohlen auf der Weide gern dicht am Zaun und nahe am Wasser. Für hochtragende Stuten muß die Weide also besonders umsichtig gewählt werden.

Schwergeburten

Wurde ein Fohlen 8–10 Tage übertragen, muß infolge seines Gewichts mit einer Schwergeburt gerechnet werden. Die Gebärmutter ist hier in der Regel äußerst kraftlos! **Pulsatilla D4** und **Caulophyllum D3** schaffen die nötige Energie; die Geburt findet dann

meistens problemlos statt. Durch diese Mittel läßt sich in jedem Fall der Geburtsablauf günstig beeinflussen. Die Gaben erfolgen etwa 8 Tage vor dem erwarteten Geburtstermin. Man beginnt mit 1mal täglich 20 Tropfen, vom 3. Tag an 3mal täglich 20 Tropfen oder spätestens, wenn die Zeichen der nahenden Geburt eintreten.
Mit der prophylaktischen Gabe sind auch die Probleme des Ausflusses nach der Geburt gelöst und eine völlige Reinigung garantiert. Bei ängstlichen, aufgeregten Tieren verwendet man **Pulsatilla D4** und **Cimicifuga D4.**

Wehen und Geburtshilfe

Sind die Wehen unregelmäßig, krampfhaft oder hören sie vor Kraftlosigkeit auf, ist wieder **Pulsatilla D4** angezeigt. Pulsatilla ordnet und reguliert auch bei stürmischer Wehentätigkeit. Das gleiche gilt für Wehen, die schon Tage vor der Geburt auftreten. Setzen die Wehen aus obwohl die Geburt bereits läuft, ist das Leben des Fohlens gefährdet! In solchen Fällen muß neben Pulsatilla auch **Caulophyllum D30** gegeben werden.
Eine Geburtshilfe durch mäßigen Zug ist nur dann angebracht, wenn bei normal vorliegendem Kopf und Vordergliedmaßen oder bereits vorliegenden Hintergliedmaßen die Stute die Geburt nicht selbst beenden kann. Die Zughilfe muß mit den Wehen erfolgen, an den Gliedmaßen wird abwechselnd gezogen. Durch Gewalt beim Ziehen wird viel Unheil angerichtet, weil das Pferd keine dehnbare Schambeinfuge wie der Mensch hat. In den Schleimhäuten können Blutergüsse entstehen.
Waren während der Geburt Zughilfen notwendig, gibt man vorsorglich **Arnika** oder **Hypericum D4–D6,** 3- bis 4mal täglich 15–20 Tropfen.
Neigt eine Stute zum Gebären lebensschwacher Fohlen, läßt sich mit **Pulsatilla D2** und **Sepia D4** vorbeugen.
Die Nachgeburt muß hochgebunden werden, damit sie sich nicht um ein Bein wickelt oder die Stute beim Aufstehen darauftritt. Die Nachgeburt muß ausgebreitet und auf Vollständigkeit über-

prüft werden. Zurückgebliebene Teile können zu Gebärmutterentzündungen führen. Erfolgt der Abgang der Nachgeburt nicht innerhalb 1 Stunde, muß ein sachkundiger Behandler die Nachgeburt lösen.

Der Saugreiz durch das Fohlen wirkt günstig auf das Zusammenziehen der Gebärmutter und das Ausstoßen der Nachgeburt.

Reißt die Nabelschnur nicht während des Geburtsvorgangs, muß man warten, bis das Pulsieren in der Nabelschnur aufgehört hat. Erst dann darf die Nabelschnur abgebunden oder mit einer sterilen Schere durchschnitten werden. Der Nabelschnurstrumpf wird in **Jodtinktur** getaucht, um Infektionen zu verhindern. Frühzeitiges Reißen der Nabelschnur führt zu hohen Blutverlusten und Anämie, es ist oft die Ursache für das »Bellen« eines Fohlens.

Blutet das Ende der Nabelschnur, drückt man es für einige Minuten zusammen, danach Desinfektion mit Jodtinktur.

Wenn ein Fohlen Fruchtwasser einatmet, wird es in der Regel abgehustet. Geschieht dies nicht, ist **Ammonium jodatum D4** einzusetzen.

Ein gesundes Fohlen ist innerhalb 1 Stunde nach der Geburt auf den Beinen und saugt. Die Fohlen schwanken beim Aufstehen, sie fallen oft um, bis sie endlich stehen können. Den Fohlen soll bei den Aufstehversuchen nicht geholfen werden.

Jeder Versuch stärkt. Eine Kontrolle, ob das Fohlen tatsächlich säuft, ist notwendig!

Bei scheinbarer Totgeburt müssen unbedingt Wiederbelebungsversuche gemacht werden. Dazu wird aller Schleim aus dem Rachen und den Nasenlöchern entfernt, die Zunge wird vorgezogen. Die künstliche Beatmung erfolgt durch Umfassen der Unterarme und Andrücken des Ellbogengelenks gegen die Brustwand bei Ausatmung, abwechselnd mit Abheben und Ausstrecken der Unterarme nach vorne bei Einatmung, 20- bis 30mal pro Minute, 15–20 Minuten lang. Während der Beatmung ständiges Abfrottieren des Fohlens, Reizung der Geruchsnerven durch Salmiakgeist.

Beim Aufheben des Fohlens greift eine Hand unter die Brust, die andere um das Hinterteil.

Krankheiten nach der Geburt

Die schnelle Reinigung der Stute nach der Geburt verhindert künftige Sterilität und hat gleichzeitig Einfluß auf den Milchfluß.
Nachgeburt: Normalerweise wird die Nachgeburt innerhalb von 1 Stunde nach der Geburt ausgestoßen. Bei Zurückhalten hängt sie teilweise aus der Schamspalte heraus. Wird sie nicht sofort entfernt, kann es zu Störungen im Allgemeinbefinden, zu Hufrehe, kommen. Man gibt **Pulsatilla C30,** 3mal im Abstand von 3 Stunden oder **Pyrogenium C30.**
Ausfluß: Er wird mit **Sabina D3,** 2mal täglich 20 Tropfen, und **Pulsatilla D4,** 3- bis 4mal täglich 20 Tropfen, behandelt. Unterstützend wirkt Tee aus **Frauenmantel.**

Innere Blutungen nach der Geburt

Sie entstehen durch Zerreißen von Gefäßen in der Gebärmutter und durch Beschädigungen der Gebärmutterwand. Die Blutungen zeigen sich meist erst wenige Stunden nach der Geburt.
Symptome: Die Maulschleimhaut und die Bindehäute sind porzellanweiß, starkes Schwitzen, Atmung sehr beschleunigt, kolikähnliche Erscheinungen, Schwäche, Zusammenbrechen, Tod.
Therapie: Es muß sofort ein sachkundiger Behandler gerufen werden, da ein Schock möglich ist und eine Blutvergiftung droht.

Fehlen und Einschießen der Milch

Gibt eine Stute nach der Geburt keine Milch, muß das Allgemeinbefinden durchaus nicht gestört sein. Das Verhalten kann Veranlagung sein, auf Störungen in der Hormonbildung oder auf Unterernährung beruhen. Vorbeugend hilft eine gute Ernährung, eine naturgemäße Haltung der trächtigen Tiere und Kolostralmilchreserve tiefgefroren.

Therapie: Die Stute bekommt **Phytolacca D4,** eventuell in Verbindung mit **Asa foetida D3.** Zusätzlich wird die Fütterung von **Brennesseln** oder **Bockshornkleesamen** empfohlen, da diese die Milchsekretion steigern. Den gleichen Effekt kann man mit einem leichten **Kümmelabsud** als Trank erreichen.
Das Einschießen der Milch kann man fördern, indem man mit einem in heißes Wasser getauchten Baumwollappen das Euter hin- und herbewegt.

Euterentzündungen

Ursachen: Eindringen von Keimen in das Euter. Unbehandelt verödet die erkrankte Euterhälfte, Blutvergiftungen sind möglich.
Symptome: starke Schwellungen und Schmerzhaftigkeit, meist nur an einer Euterhälfte, Abwehrbewegungen der Stute beim Saugen des Fohlens, Fieber, gestörtes Allgemeinbefinden.
Therapie: Heiße Umschläge um das Euter legen mit **Leinsamen** oder **Kartoffeln,** noch besser helfen Umschläge mit **Calendula-** oder **Arnikasalbe,** gutes Ausmelken der Stute und künstliche Ernährung des Fohlens.
Vorbeuge: Drusekranke Fohlen darf man nicht saufen lassen!

Kennzeichen	*mögliche Mittel*
Anfangsstadium	**Phytolacca D12,** 15 Tropfen 3mal täglich
Anfangsstadium mit lokalem Fieber	**Phellandrium D6** und **Aconitum D3–D12,** je 3mal täglich 15–20 Tropfen
Euter sehr hart, stark geschwollen, heiß und schmerzhaft, Sekret wäßrig, dick oder eitrig, gleichzeitiger Scheidenausfluß	**Phytolacca D3,** 3mal täglich 15–20 Tropfen

Kennzeichen	*mögliche Mittel*
Haut weder gerötet noch geschwollen, Euter stark berührungsempfindlich, Zurückhalten der Milch, Sekret stinkt	**Asa foetida D6,** 3mal täglich 15 Tropfen
starke Schwellung, hoch schmerzhaft, Abwehrbewegungen bei Berührung, oft intervallmäßiges Schwitzen	**Apis D4,** 3mal täglich 15–20 Tropfen

Es empfiehlt sich, zu **Asa foetida Phytolacca D6** zu geben. Zu **Phytolacca D3** sollte **Phellandrium D3** gegeben werden, da es die Schleimmassen und Sekrete aus den Milchkanälen entfernt. Sind bei den Stuten Störungen des Allgemeinbefindens ausgeprägt, hat sich die Kombination **Phytolacca D12** in Verbindung mit **Lachesis D8** und **Echinacea D4** bewährt.

Festliegen vor und nach der Geburt

Ursachen: Knochenbrüche, Geburtsverletzungen, Nervenlähmungen, Körperschwäche, Verrenkungen des Hüftgelenks.
Symptome: Festliegen mit teilweise gestörtem Bewußtsein, mangelnde Freßlust, Durchfall oder Verstopfung, Lähmungserscheinungen.
Therapie: Mit vitamin- und kalkreicher Kost, ausreichender Bewegung bei tragenden Stuten und Verzicht auf Gewalteinwirkungen bei der Geburt kann man vorbeugen. Auf jeden Fall muß ein sachkundiger Behandler zugezogen werden, da wegen der vielen Möglichkeiten keine allgemeingültigen Aussagen gemacht werden können.

Kennzeichen	*mögliche Mittel*
Festliegen als Folge von Verkühlungen und Durchnässung	**Aconitum, Belladonna, Rhus tox.**
Festliegen als Folge von Blut- und Flüssigkeitsverlust	**Acidum phos.** oder **Natrium muraticum**

Kennzeichen	*mögliche Mittel*
als Folge von Überanstrengungen	**Arnika** oder **Rhus tox.**
als Folge von Schwergeburten	**Arnika, Hypericum** oder **Rhus tox.**
als Folge von Schwergeburten mit starkem Blutverlust	**China D12,** 3 mal täglich 15 Tropfen, 3 Tage lang

Alle *Dosierungen*, bis auf die letzte, in D6, 3mal täglich 20 Tropfen.

Krankheiten während der Geburt

Ein Dammriß ist eine mehr oder weniger tiefe Verletzung im Bereich von Schamspalte und After. Er kann durch Geburtsverletzungen und durch ungenügende Erweiterung der Scham, zu große Frucht und Gewalteinwirkungen entstehen. Meistens ist ein chirurgischer Eingriff notwendig, denn unbehandelt kommt es zur offenen Scham.
Ein Gebärmutterriß und Scheidenriß zeigen sich durch Blutungen aus der Scheide nach der Geburt, Koliken bei großen Rissen, verschlechtertes Allgemeinbefinden bei Bauchfellentzündungen oder inneren Blutungen. Sie können durch eine fehlerhafte Lage oder Übergröße des Fohlens entstehen, durch zu geringe Geburtsvorbereitungen der Stute oder durch stoßartige Geburtswehen und durch falsche Zughilfen. Erste Maßnahmen sind das Ruhigstellen der Stute und Eisumschläge auf das Kreuz. Sofort einen Tierarzt rufen!

Vorfall der Gebärmutter

Ursachen: Entweder Veranlagung oder der Vorderkörper liegt bei der Geburt höher als das Becken.
Symptome: Vorfall einer roten bis blauroten, birnenförmigen

Schleimhautgeschwulst aus der Scheide, etwa bis 24 Stunden nach der Geburt.

Therapie: Stützen des Vorfalls mit sauberen Leintüchern und warm halten mit handwarmem Wasser. Steht die Stute, wird die Gebärmutter angehoben. Sofort einen Tierarzt verständigen!

Therapie: Der Tierarzt legt die Gebärmutter in den Körper zurück, eventuell wird sie festgenäht. Da der Vorfall im wesentlichen auf einer Erschlaffung der beiden Beckenbänder beruht, sind neben **Angus castus D4** oder **Sepia D4,** zur Verbesserung der Bindegewebsschwäche **Silicea D30** und zur gleichzeitig notwendigen Nierentherapie **Lilium tigrum D6** notwendig. Unterstützend wirken Tees aus **Beinwell-, Frauenmantel-** oder **Haferstroh.**

Fohlenkrankheiten

Fohlenkrankheiten sind immer hoch akut, die sofortige Behandlung durch einen Fachmann ist ratsam.
Bei Lebensschwäche der Fohlen nach der Geburt liegen meistens angeborene Mißbildungen zugrunde, besonders des Herzens. Oft ist auch ein Mangel an Spurenelementen und Jod die Ursache oder der Geburtsstreß. Die Fohlen stehen erst längere Zeit nach der Geburt oder gar nicht auf, die Sauglust ist vermindert oder fehlt ganz. Die Tiere atmen beschleunigt oder sind schweratmig.

Lungenentzündungen

Symptome: pumpender Atmung, hohes Fieber, Hustenreiz bei geringster Anstrengung, Abmagerung, verminderte Sauglust. Besonders gefährlich sind Lungenentzündungen ab der 5. Woche, hervorgerufen durch Eiterbakterien.
Therapie: Hier kann nur ein Fachmann helfen!

Darmpechverhalten

Die normale Verdauung des Fohlens beginnt nach dem Abgang des Darmpechs, einer dunkelbraunen bis schwarzen, klebrigen Masse, die sich während der Tragzeit im Darm des Fohlens angesammelt hat. Der Abgang sollte innerhalb von 24 Stunden nach der Geburt erfolgen, Kolostralmilch fördert den Vorgang. Hengstfohlen neigen wegen des engen Beckens eher zum Darmpechverhalten als Stutenfohlen. Darmpechverhalten entsteht

durch Aufnahme von zu wenig Kolostralmilch, es können aber auch Mißbildungen von After und Mastdarm vorliegen.
Symptome: erfolglose Versuche, Kot abzusetzen mit Schweifschlagen, der Schwanz ist höher als normal gestellt, der Rücken gekrümmt, Unruhe, milde Kolik, die Sauglust nimmt ab, Aufblähung.
Therapie: Einläufe mit **Leinsamenabkochung** oder warmes Seifenwasser helfen, vorsichtig arbeiten! Man kann auch 50 g **Rizinusöl** einschütten oder **Flor de Piedra D3** geben, 3mal 10 Tropfen im Abstand von 1 Stunde. Ein sachkundiger Behandler muß gerufen werden!

Fohlenlähme

Das ist eine fieberhafte Infektionskrankheit mit Zeichen von Blutvergiftung und Gelbsucht.
Ursachen: Keime und eiterbildende Erreger dringen beim Geburtsvorgang über Maul und Nabel des Fohlens ein.
Symptome: Lahmheit mit schmerzhaften Gelenkschwellungen, eitrige Nabelentzündungen, Müdigkeit, kein Saugreflex, Durchfall, Temperaturanstieg bis 41 °C, Atemnot, Aufstehen und Stehen erschwert, Schmerzen in der Nierengegend, das Fohlen liegt meist ausgestreckt auf der Seite.
Therapie: Sofort einen fachkundigen Behandler rufen! Ist die Stute nicht gegen Fohlenlähme geimpft, wird eine Impfung des Fohlens mit Mutterblut kurz nach der Geburt empfohlen.

Hundegebellartiger Husten

Ursachen: Sauerstoffmangel, Kreislaufstörungen, Blutverlust durch zu frühes Reißen der Nabelschnur. Gelbsucht der Fohlen durch Unverträglichkeit der Blutgruppen zwischen Fohlen- und Stutenblut, die sich bemerkbar macht, wenn das Fohlen mit der Kolostralmilch die Antikörper aufnimmt.
Symptome: Gähnen, Schwäche, Kurzatmigkeit, Maulschleimhaut

und Bindehäute der Augen stark gelb verfärbt, keine Beziehung zur Mutter, kein Saugreflex.
Therapie: Sofort die Kolostralmilch absetzen! Das Fohlen auf eine Decke unter eine Wärmelampe legen und einen Fachmann rufen! Der Sauerstoffmangel kann Gehirnschäden verursachen! Man gibt Ersatzkolostralmilch. Nach 2–3 Tagen kann wieder Muttermilch getrunken werden, da sie jetzt keine Antikörper mehr enthält.

Bei **Harnschnurfisteln** tröpfelt Urin aus dem Nabel, ein chirurgischer Eingriff ist angezeigt.
Schwache Fesseln bei der Geburt geben sich mit dem Älterwerden. Durch Stehen und Laufen auf festem Untergrund festigen sich die Gelenke.

Abhärten des Fohlens

Fohlen und Stute können bei gutem Wetter bereits ab dem 2. Tag auf die Weide. Die Stute sollte sich vor dem Weidegang oder an Regentagen möglichst allein freilaufen können. Stuten, die tagelang im Stall bleiben müssen, schlagen oft nach den Fohlen aus.

Durchfall

Nicht stinkender Durchfall kann innerhalb der ersten 2 Tage auftreten, wenn die Kolostralmilch zu viel Cholesterin enthält. Man läßt die Fohlen nicht saugen, melkt die Stute aber! Alle 2 Stunden rund um die Uhr wird Ersatzmilch gereicht.
Bei sogenanntem *9-Tage-Durchfall* muß mit einem Befall von Zwergfadenwürmern gerechnet werden.
Stinkender Durchfall kann durch Infektionen oder Fütterungsfehler der Stute auftreten. Die Tiere zeigen mangelnde Sauglust, der Kotabsatz ist schmerzhaft; Fieber, Schwäche, Abmagerung, Festliegen. Man läßt die Fohlen hungern und macht heiße, trockene Umschläge um den Bauch. Ein sachkundiger Behandler muß gerufen werden, da meistens Infusionen angezeigt sind.

Stellungsfehler und Gangfehler

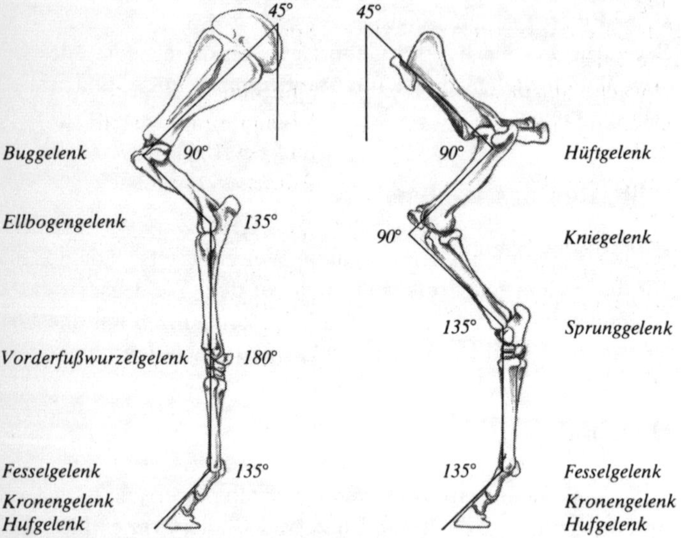

Maßgebend für eine richtige Gelenkwinkelung ist vor allem ein richtiger Hufbeschlag. Die Gelenkwinkelung bestimmt die Lastenverteilung des Körpergewichts auf die Beine. Eine Fehlbelastung führt zu einer Reihe von chronischen Schäden des Bewegungsapparates.

Stellungsfehler und ihre Folgen

Stellungsfehler	*Folgen*
geschnürte Sprunggelenke	Spat
bodenenge Stellung mit gleichzeitig nach außen gerichteter Gliedmaßenstellung	Spat
rückständige, säbelbeinige, faßbeinige, kuhhessige Stellung	Spat
durch Beschlag niedrig gehaltene Trachten	Spat
schwache Sprunggelenke	Knochenhasenhacke
bodenenge oder zehenweite Stellung	Veränderungen im Korn- und Fesselgelenk
schwache Sehnen, lange Fesselung	Sehnenentzündungen
fuchtelnder Gang	Wunden an den Fesseln
fehlerhafte Gangart	Ballentritt
fehlerhafte Gliedmaßenstellung	Hufrolle, Kronentritt
zu lange Zehen	Hufrollenentzündungen

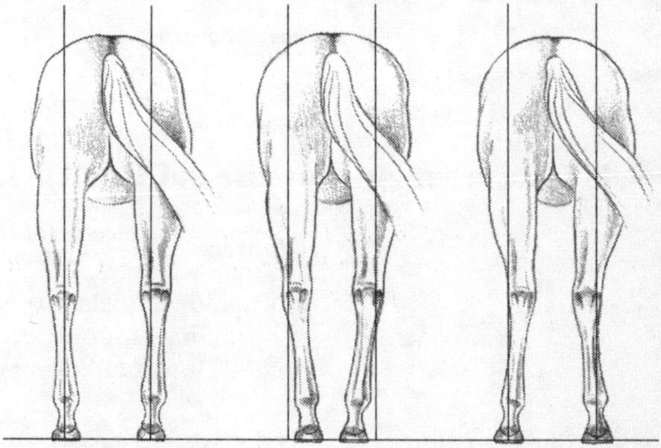

normal *zeheneng* *zehenweit und kuhhessig*

Fehlerhafte Stellung der Hinterbeine.

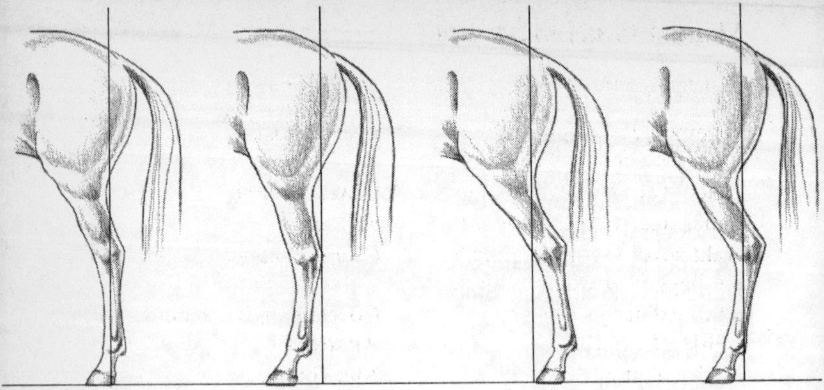

normal *vorständig* *rückständig* *säbelbeinig*
Die falsche Winkelung der Hinterbeine.

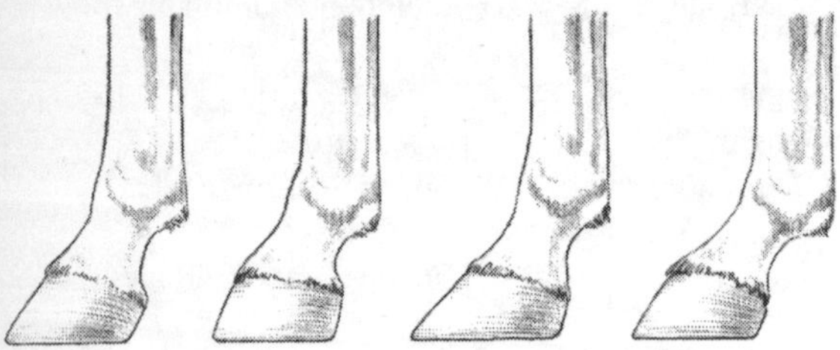

normal *Bockhuf* *Zehe zu lang* *bärentatzig*
Fehlerhafte Hufstellungen.

Anomale Gangarten als Hinweise auf Krankheiten

Gang	*Hinweise*
atakischer Gang	hochgradige, nicht eitrige Entzündungen im Rückenmark, Durchblutungsstörungen
ataktischer Gang bei Junghengsten	verletzter Wirbelfortsatz, Störungen im Innenohr
steifer Gang	chronische Nierenkrankheiten

Mängel in der Bewegung

Bewegungsstörungen	*mögliche Mittel*
allgemeine Steifigkeit in den Bewegungen	**Laurocerasus**
gehemmter Bewegungsablauf	**Gingko bilabo**
schlaksiger Gang, Stolpern	**Silicea**
ataktischer Gang bei Pferden, die bei Erschrecken umfallen	**Gingko bilabo**
unkoordinierte Bewegungen während des Laufens	**Cocculus** in Verbindung mit **Agaricus**
Nachschleifen der Zehen	**Nux vomica**
steifer Gang	**Nux vomica**

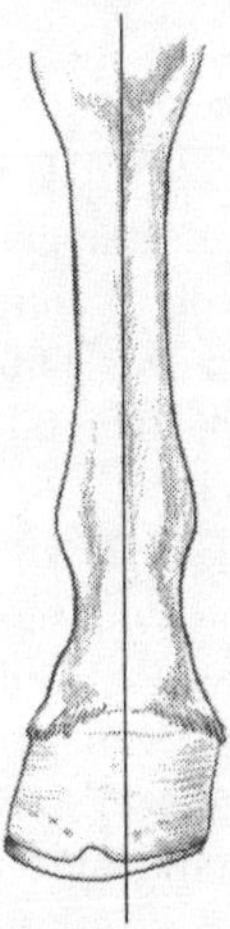

Durch Vernachlässigung des Beschlags wird die rechte Hufhälfte stärker belastet als die linke Seite.

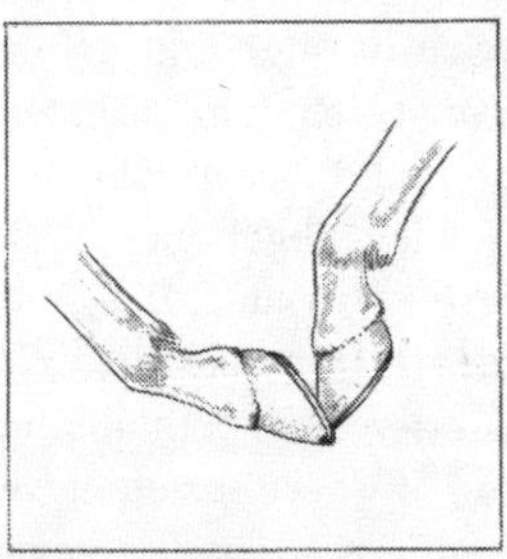

Beim »Greifen« in die Hufeisen schlagen die zu langen Zehen aneinander, das Pferd kann stolpern und stürzen.

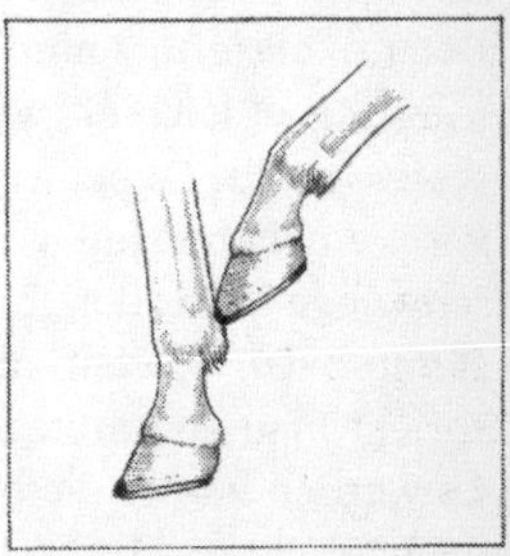

Beim Greifen in die Sehnen werden die Beugesehnen getroffen, schmerzhafte und langanhaltende Entzündungen sind die Folge.

Erkrankungen des Bewegungsapparats

Alle Erkrankungen der Knochen, Muskeln, Sehnen, Sehnenscheiden und der Gelenke zählen zu den »Berufskrankheiten« der Pferde und Ponys. Sie zeigen sich vor allem an den Beinen.

Lahmheit der Beine

Lahmheiten stören den regelmäßigen Bewegungsablauf in den einzelnen Gangarten, weil z. B. ein Gelenk nur vermindert abgebogen oder ein Bein nur verlangsamt vorgeführt werden kann. Hochgradige Lahmheit ist schon in Ruhe erkennbar: Der Fuß wird geschont, vorgestellt, nach auswärts gestellt oder ständig hochgehoben. Bergabführen verstärkt meist eine Lahmheit.
Die Lokalisierung muß im Schritt oder Trab erfolgen. Eine Lokalisierung ist leichter, wenn man sich den normalen Bewegungsablauf vorstellt. Dabei werden zwei Phasen sichtbar. In der 1. Phase wird ein Hinterfuß vom Boden abgehoben und nach vorn geschwungen, in der 2. Phase wird der Fuß niedergesetzt und stemmt den Körper nach vorn. Ist eine dieser Phasen gestört, spricht man von Stützbein- oder Hangbeinlahmheit.
Es werden immer die beiden Vorder- beziehungsweise Hinterbeine betrachtet. Die Belastung des gesunden gegenüberliegenden Beines ist um so stärker, je größer sich die Lahmheit des kranken Beines auswirkt. Der Kopf senkt sich im Trab beim Auftreten auf das gesunde Bein tiefer als beim Auftreten auf das kranke Bein. Da der gesunde Fuß zur Unterstützung des Körpers rascher als der kranke vorgesetzt wird, entsteht leicht der Eindruck, der gesunde Fuß sei der kranke.

Die Hangbeinlahmheit ist relativ selten, sie entsteht meistens durch Nerveneinquetschungen in Schulternähe.
Bei Lahmheit vorn ist der Gang verkürzt, bei Lahmheit hinten wird ein ungleichmäßiges Heben und Senken der Kruppe sichtbar!
Der genaue Sitz läßt sich am besten beim Longieren feststellen.

Anzeichen	*Ursachen*
Lahmheit stärker, wenn der kranke Fuß außen liegt	Lahmheit im oberen Teil des Fußes
Lahmheit verstärkt, wenn der kranke Fuß innen liegt	Lahmheit im unteren Teil des Fußes
Vorderfuß geht lahm bei gleichzeitiger Stützbeinlahmheit	Ursache liegt meist im Huf
Schonen des Fußes, kein sicheres Durchtreten, Fuß wird vorgesetzt	Lahmheit im Bereich des Hufes, im Fesselgelenk oder Sehnenapparat
trotz Lahmheit ziemlich gleichmäßiges Auftreten	Lahmheit in Schulter oder Hüfte
mangelndes Heben und Vorstrecken des Fußes, Stolpern über Steine und Schwellen, Lahmheit vermehrt auf weichem Boden	Lahmheit im oberen Teil des Fußes
kleiner, kurzer Schritt	Lahmheit im unteren Teil des Beines
großer Schritt	Lahmheit im Knie- oder Ellbogenbereich
Lahmheit vorn	Ursache fraglich, Kopf wird immer auf die gesunde Seite gedreht

Lahmheitsuntersuchungen: Sie beginnen immer am Huf mit Hufwand, Sohle, Strahl, Ballen und Eisen. Es folgt das Bein, es wird auf Anschwellungen, Muskelschwund, regelwidrige Stellungen

der Gelenke und Knochen untersucht. Dann werden die einzelnen Teile mit der Hand auf Biegsamkeit, Wärme und Schmerzempfinden abgetastet.
Lahmheitsähnliche Erscheinungen können auch bei jungen Pferden auftreten. Ein gerade angerittenes Pferd geht untaktmäßig, weil die Rückenmuskelbänder ungleich ausgebildet sind.
Auch das Reitergewicht bewirkt eine veränderte Gliedmaßenstellung. Die Gelenke werden immer mehr belastet, so entstehen Schwierigkeiten, das Gleichgewicht auszubalancieren. Werden Muskel-, Knorpel- und Knochensystem systematisch trainiert, verlieren sich diese Erscheinungen. Zur Vorbeugung gibt man mindestens 8 Tage Ruhe.

Lahmen bei verstopften Blutgefäßen

Ursachen: Verstopfungen durch Blutgerinnsel oder Wurmlarven.
Symptome: Lahmen an einem oder beiden Hinterbeinen, Stehenbleiben, starkes Schwitzen, ängstlicher Ausdruck, das lahme Bein fühlt sich kalt an, nach einer Ruhepause geht das Tier wieder normal.
Therapie: Ein sachkundiger Behandler muß geholt werden, meistens ist die Schlachtung angezeigt!

Hüftlahmheit

Ursachen: Muskel-, Sehnen- oder Nervenentzündungen im Oberschenkel oder im Hüftbereich durch Schlag, Niederstürzen, Hängenbleiben mit den Füßen.
Symptome: In der Bewegung wird der Hinterfuß nicht genügend vorgesetzt und gehoben, schmerzhafte Schwellungen.
Therapie: bei Körperwärme Lehmanstriche oder kalte Umschläge, alle 10 Minuten Wasser aufgießen. Später nimmt man wärmeerzeugende Einreibungen vor, bei ausbleibender Besserung hilft ein sachkundiger Behandler.

Schulterlahmheit

Sie geht von krankhaften Zuständen oder Entzündungen in den Muskeln und Sehnen der Schulterpartie oder des Buggelenks aus. Schulterlahmheit ist seltener als allgemein angenommen, sie wird leicht mit der Hufrollenentzündung verwechselt.
Ursachen: Quetschungen, Zerrungen, Prellungen oder zu rasches Bergabreiten.
Symptome: Der kranke Fuß wird nicht genügend gehoben und vorgesetzt, die erkrankten Teile sind ständig in Unruhe oder bei großer Schmerzhaftigkeit völlig verkrampft, gleichbleibende Lahmheit bei Entzündung des Buggelenks.
Therapie: Man verfährt wie bei Hüftlahmheit! Bessert sich die Lahmheit nach längerer Bewegung oder bei Schweißausbrüchen, besteht Verdacht auf Muskelrheuma. Dann wird ein Prießnitzumschlag gemacht. Die Pferde auf Diät setzen, gute Einstreu geben, Ruhe!

Abgrenzung von Schulterlahmheit und Hufrollenentzündung:

Gang im tiefen Boden fast normal	Hufrollenentzündung
Gang im tiefen Boden vermehrt lahm	Schulterlahmheit
stärkeres Lahmen, wenn erkranktes Bein innen	Hufrollenentzündung
stärkeres Lahmen, wenn erkranktes Bein außen	Schulterlahmheit

Verletzungen durch Schläge und Stürze

Sie kommen häufig an den Fesseln und am Mittelfußknochen vor. Bei akuten Fällen muß die Stelle sofort ½ Stunde lang vereist werden, Eisbeutel! Wird dies unterlassen, schießt Blut in die kleinen Blutgefäße, und es kommt zu Blutergüssen. Die Kühlung

muß langsam zurückgenommen werden, damit das Blut langsam wieder in die Gefäße fließen kann.
Wenn die Behandlung erst ½ Stunde nach dem Sturz einsetzt, ist der Verletzungsprozeß noch in voller Aktion. Die Entzündung ist bereits da! **Arnika D6,** 15 Tropfen stündlich, hilft, dazu lokal **Arnikasalbe** oder andere Heilsalben.
Setzt die Behandlung erst nach ½ Tag ein, ist die Knochenhaut bereits entzündet. Hier hilft **Apis D4**, später **Ruta graveolens D4–D6**, 6mal täglich 10 Tropfen. Zusätzlich werden Umschläge mit einer Mischung aus **Brennspiritus, Essig** und **Wasser** gemacht, Verhältnis 1 : 1 : 3. Den Umschlag am besten mit einer Folie abdecken.

Hufe und Hufpflege

Das Hufwachstum wird durch Bewegung und Bodenfeuchtigkeit gefördert. Die Abnützung der Hufe erfolgt parallel zur Gliedmaßenstellung. Das Hufhorn wächst monatlich etwa 1 cm. Der Hufbeschlag vermeidet ein Durchlaufen der Hornsohle und das Freilegen empfindlicher Weichteile. Der Huf selbst schützt die umschlossenen, hochempfindlichen Kron-, Huf- und Strahlbeine vor äußeren Verletzungen. Er weitet sich in der Bewegung, vor allem im Bereich der Trachten. Dehnen und Zusammenziehen dienen der Versorgung der inneren Hufteile und der Bildung des neuen Horns. Ein Beschlag beschränkt diesen Hufmechanismus.
Ein schlechter Hufbeschlag ruft durch ungleichmäßige Belastung der Knochen und Bänder Huf- und Beinleiden hervor. Sparsamkeit beim Hufschlag macht sich also nicht bezahlt!
Zur Hufpflege gehören der regelmäßige Beschlag, der gewissenhafte Gebrauch von Hufkratzern und Huffett. Die Hufpflege beginnt bereits beim 6 Wochen alten Fohlen und muß im Abstand von 4 Wochen ständig wiederholt werden. Ein neuer Hufbeschlag bedeutet 2–3 Tage Schonung.
Wenn das Hornwachstum gestört ist, helfen **Sulfur D4**, 2mal täglich 1 Tablette, und **Silicea D30**, 1mal täglich 15 Tropfen.
Treten Schmerzen der Hufe bei leichtem Druck auf, hilft **Hepar sulfuris D6**, 3mal täglich 15 Tropfen bis zur Besserung.

1 Fesselträger
2 Beugesehnen
3 Vordermittelfuß
4 Zehenstrecksehne
5 äußere Haut
6 Sesambein
7 Fesselbein
8 Strahlbein
9 Strahlpolster
10 Hornstrahl
11 Hufeisen
12 Hornsohle
13 weiße Linie
14 Hornwand
15 Hufléderhaut
16 Hufbein
17 Kronbein
18 Kronbeinbeugesehne
19 Kronsaum

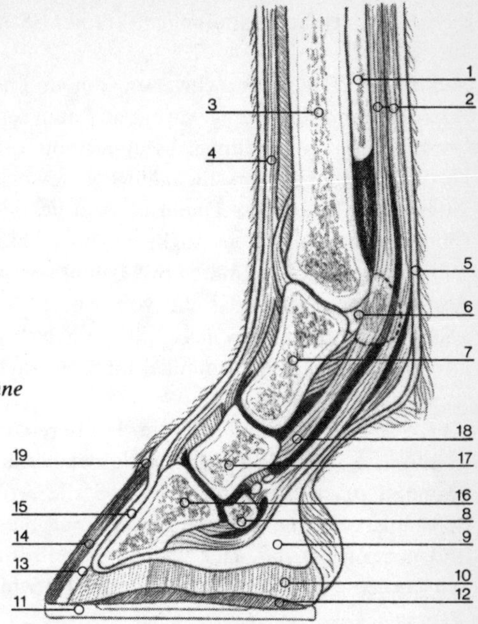

Schlechtes Hufhorn tritt eigentlich nur bei schlechter Hufpflege, durch Vererbung oder Aufenthalt in einem unsauberen Stall auf. Das Hufhorn ist brüchig, spröde, zeigt mürbes Horn und Ausbrechen am Tragrand, Hufnägel halten schlecht! Hier hilft ein vorsichtiger Hufbeschlag, die Hufe müssen täglich gut gereinigt und eingefettet werden. Zusätzlich gibt man **Silicea D4**, 3mal täglich 2 Tabletten, eventuell auch **Hekla Lava D4.** Sind die Hufe beim Pferd verhärtet, hilft **Graphites C30**.

Der Schmied sollte alle 6 Wochen kommen, sonst werden die Trachten vermehrt abgenutzt, besonders außen. Das Pferd steht dann bodeneng, wodurch das Skelett falsch belastet wird. Der Laie kann am blanken Huf überflüssige Hornteile mit der groben Raspel entfernen. Scharfe Kanten müssen mit einer feinen Raspel abgerundet werden.

Entzündliche Schwellungen der Füße

Ursachen: Hautentzündungen, fauler Strahl, vernachlässigte Wunden.
Symptome: Die Füße schwellen von unten nach oben an. Die Schwellungen sind wenig warm und kaum schmerzhaft, die Bewegungen können allerdings behindert bis erheblich gestört sein. Die Schwellungen verschwinden bei Bewegung, kehren aber bei längerer Ruhe zurück. Dauernde Verdickungen sind möglich!
Therapie: Entzündungen täglich 1- bis 2mal mit **Seifenlösung** waschen und danach ¼ Stunde mit **Leinöl** von unten nach oben massieren, dann **Calendulasalbe** vom oberen Ende der Geschwulst nach unten hin einreiben. Bei Störungen des Allgemeinbefindens mit Fieber und Appetitmangel muß ein sachkundiger Behandler zugezogen werden.
Abszesse und Entzündungen im Hufbereich kann man durch Beklopfen der Wand oder der Sohle des befallenen Hufes mit dem Hammer orten. Wird die kranke Stelle erreicht, hebt das Pferd den Huf ruckartig. Danach bewegt man die Fessel mehrmals auf und ab. Zittert das Tier nach dieser Prüfung, liegen deutliche Schmerzen und somit Abszesse oder Entzündungen vor.

Hufkrankheiten

Die Störungen gehen zumeist von der Huflederhaut aus, die das Hufhorn bildet. Die Hufsohle an sich ist gefühllos, rassebedingt jedoch mehr oder weniger leicht verletzbar.
Ursachen: übermäßiges Hufwachstum, dadurch wird die Sohle flach und zeigt keine Wölbung nach oben; Quetschungen jeder Art, schlechter Beschlag, Steine, Vernagelungen, Prellungen.
Symptome: verstärkte Lahmheit auf hartem Boden, bei Eiterungen Fieber, Hufarterie vermehrt gefüllt und pulsierend im Vergleich mit der Fessel des anderen Beins, Druck und Beklopfen schmerzhaft. Bei starken Schmerzen verminderte Freßlust und Abmagerung möglich.
Bei unbehandelten Abszessen fließt Eiter aus dem Kronrand und

kann eine Knocheninfektion verursachen, säulenartige Verdikkung der Hufwand, Ausschuhen.
Therapie: Dunkel gefärbte Stellen werden freigelegt und mindestens haferkorngroß mit dem Rinnmesser nachgeschnitten. Abszesse, größere Veränderungen oder tunnelartige Veränderungen erfordern einen sachkundigen Behandler. Ist kein Eiterherd zu sehen, gibt man **Hypericumlotion** auf die betroffenen Stellen. Den Huf in feuchte Watte einpacken, Verband darüber, 4mal **Hepar sulfuris C30** geben, und zwar im Abstand von 2 Stunden. Nach 2–3 Tagen ist der Abszeß gereift und kann von einem sachkundigen Behandler herausgeschnitten werden.
Bei größeren Bezirken kann unter Umständen die Huflederhaut vorfallen. Hier muß ein Druckverband angelegt und ein Splinteisen aufgenagelt werden. Der Splint drückt die mit Hypericumlotion getränkte Watterolle fest auf die Lederhaut, die Watte alle 2 Tage wechseln. Der Verband ist so lange notwendig, wie ein leichter Fingerdruck Schmerzen auslöst.
Bei bleibender Lahmheit muß eventuell operiert werden.

Nageltritt

Ein Nageltritt ist sehr gefährlich, weil dabei häufig das Hufgelenk, das Huf- oder Strahlbein oder die Sehnen verletzt werden. Bei gleichzeitiger Tetanusinfektion ist der Tod möglich.
Ursachen: Eintreten von Fremdkörpern im Bereich der Strahlspitze.
Symptome: Unter Umständen sofortige Lahmheit, sofern die darunterliegenden, empfindlichen Teile stark beschädigt wurden. Ansonsten Lahmen nach 4–6 Tagen, der Abszeß drückt! Bei heftigen Schmerzen ständiges Scharren.
Therapie: Nagel oder Fremdkörper herausziehen, die Stelle genau merken, Eisen abnehmen. Der Abszeß muß von einem sachkundigen Behandler geöffnet werden. Nicht geöffnete Abszesse führen zu Komplikationen.
Nach Abfließen des Eiters wird die Wunde mit **Arnikatinktur, Jodtinktur** oder **Wundsteinessenz** ausgespült, der Fuß wird zwei-

mal täglich in heißem **Kamillentee** gebadet. Sackverband, damit Abflußstelle nicht verschmutzt wird. Heiße Umschläge können helfen, auch die Gabe von **Hypericum D3**. Tetanusschutz!

Strahlkrebs und Hufkrebs

Das sind Erkrankungen der Lederhaut, der Sohle und des Strahls durch Hornbildungsstörungen, also kein Krebs im eigentlichen Sinne. Die Lederhaut wird bloßgelegt.
Ursachen: Veranlagung oder schmutzige Haltung!
Symptome: Offene Stellen an der Strahlspitze, Sohle und Strahl hochgelegt, Hohlräume mit ekliger Schmiere gefüllt, das gesunde Horn verschwindet, leicht blutende blumenkohlartige Wucherungen. Bleiben die Stellen unbehandelt, werden Sohle, Strahl, Trachten und Fersen unterhöhlt und zerstört, starkes Lahmen, mehrere Füße können gleichzeitig befallen sein.
Therapie: **Natrium muraticum C30** und **Graphites C30** 2mal täglich 15 Tropfen, 1–2 Wochen lang, können den Prozeß aufhalten und sogar wieder rückgängig machen. Zusätzlich ist **Silicea C200,** 1mal täglich 5 Tage lang notwendig, um das Hufhorn zu härten. Unabhängig davon muß ein sachkundiger Behandler das abgestorbene Gewebe abtragen. Die so entstehenden Hohlräume werden mit Wundsteinessenz ausgewaschen, mit Baumwolle, die vorher mit **Calendula-** oder **Arnikalotion** getränkt wurde, ausgestopft.
Treten zusätzlich phlegmoneartige Erscheinungen auf, sind **Lachesis D8** und **Arnika D3** notwendig.

Hufhornfäule

Das ist eine faulige Zerstörung des Hornstrahls, die an der mittleren Strahlfurche beginnt. Sie kommt oft bei Zwangshufen und Hufen mit zertrümmertem Strahl vor, Übergang in Hufkrebs ist möglich!
Ursachen: schlechte Haltung und mangelnde Hufpflege, zu star-

kes Ausschneiden des Strahls oder zu hohe Trachtenwände, ungenügende Bewegung.
Symptome: Ansammlung schwarzer Massen oder von jauchigem, übelriechendem Eiter im Bereich des Strahls. Der Strahl wirkt zerfressen und zerklüftet, Lahmheit erst im fortgeschrittenen Stadium.
Therapie: Ein Überpinseln des Strahls mit Holzteer nützt nichts, weil darunter die Fäulnis fortschreitet. Notwendig sind das Entfernen loser Strahlteile und das Auswaschen mit **Wundsteinessenz,** danach **Klausantinktur** und **Klausanpaste** auftragen. Statt mit Tinktur und Paste kann man den kranken Strahl auch mit gepulverter **Holzkohle** oder **Holzteer** bestreichen oder eine in **Calendula-Arnika-Lotion** getauchte Auflage machen. **Arnika D3** und **Silicea C30,** 1mal täglich 20 Tropfen, fördern die Granulation und Gewebeneubildung.
Konstitutionell kann die Fäule dann angegangen werden, wenn gleichzeitig andernorts, wie aus der Nase, Absonderungen auftreten und ein scharfer Urin ausgeschieden wird. Man gibt **Kreosotum C30**, 1mal täglich 15 Tropfen.
Eine Erweichung des Ballenhorns kommt häufig bei eiweißreicher Fütterung vor, also bei Stickstoffüberdüngung. Hier helfen **Sulfur D4**, 3mal täglich 15 Tropfen, oder **Silicea C30**, 1mal täglich 15 Tropfen.

Ballentritt

Entzündungen der Ballenlederhaut entstehen meistens durch Quetschungen am Ballen und am Strahl.
Ursachen: fehlerhafte Gangart mit falschem Greifen, fehlerhafter Hufbeschlag, Verletzungen.
Symptome: gespannter Gang, die Tiere treten nur mit den Zehen auf, Ballen heiß, druckempfindlich und geschwollen, Stützbeinlahmheit, bei Eiterbildung löst sich das Horn am oberen Hufrand.
Therapie: Tetanusimpfung, wenn offene Wunde vorliegt, Wundreinigung, weiches Lager. Bei Entzündungserscheinungen Um-

schläge mit **essigsaurer Tonerde, Arnika-Calendula-Lösung** oder **Lehmpackungen**, bei größeren Schmerzen Umschläge mit **Leinsamenbrei.** In leichteren Fällen verschwindet die Entzündung nach 2–3 Tagen.
Bei tiefergehenden, zerklüfteten Wunden oder Abszeßbildungen einen fachkundigen Behandler zuziehen. Keine Arbeit, solange das Bein schmerzhaft ist.
Vernagelungen sind Lahmheiten kurz nach dem Hufbeschlag. Blut oder Eiter können aus einer Hufnagelöffnung der Hornwand fließen. Tetanusschutz ist notwendig!

Hufrollenentzündungen

Harter Boden, die Landung nach dem Sprung über hohe Hindernisse, ein schweres Reitergewicht und schlechtes Reiten belasten die Hufrolle stark. Die Gleitfläche zwischem dem Strahlbein mit Schleimbeutel und der tiefen Beugesehne wird überbeansprucht. Der Verschleiß kann bis zur Zerstörung des Knorpelbelags reichen, das bedeutet chronische Lahmheit! Die Lahmheit verschwindet, wenn das Gelenk vollständig verknöchert ist. Die Arbeitsfähigkeit bleibt erhalten.
Ursachen: Überanstrengungen, nicht ausgeheilte oder wiederholte Verstauchungen des Krongelenks, Zerrungen der Gelenkbänder bei fehlerhafter Gliedmaßenstellung durch schlechten Hufbeschlag, zu früh zur Arbeit herangezogene junge Pferde.
Symptome: Stützbeinlahmheit, die sich in der Bewegung bessert, häufig ringförmige Knochenauflagerungen am Krongelenk, klammer Gang. Im Anfangsstadium Pulsieren der Arterien, häufig ist nur ein Vorderbein befallen.
Zur *Vorbeuge* kann man die Zehen alle 5–6 Wochen kürzen lassen, auch ein regelmäßiges Training verhindert Überbeanspruchungen der Hufrolle.
Eine endgültige Diagnose kann nur durch Röntgenaufnahmen gestellt werden.
Therapie: Hufkorrektur mit Stehenlassen der Trachtenwände und Polsterung des Hufs. Beim Dallmer-Hufschuh ist die Auftrittsbe-

lastung sehr weich, also günstig! Wird die Hufrollenentzündung im frühen, akuten Stadium erkannt, gibt man **Bryonia C30**, 1- bis 2mal täglich 15–20 Tropfen. Ansonsten hilft **Calcium fluoraticum C30**, 2mal täglich 10 Tropfen, 4 Wochen lang. Die Veränderungen im Bereich um das Strahlbein lassen sich durch **Symphytum, Hekla Lava** und **Silicea (alle C30)**, 1- bis 2mal täglich 15 Tropfen, günstig beeinflussen. Eine Ausheilung der Hufrolle ist sehr selten.
Hinweis: Mit dem Nervenschnitt, der den die Hufrolle versorgenden Nerv durchtrennt und den schmerzenden Teil gefühllos macht, werden die Symptome der Lahmheit zwar beseitigt, es gibt aber keine Heilung!

Tragrandspalten, Kronrandspalten und Hornkluft

Der Tragrand muß die Hauptlast des Pferdegewichts aushalten. Bei Verletzungen des Trag- oder Kronrandes wird das Hornwachstum beeinträchtigt. Die Spalten und Klüfte können mit Blut und Eiter verunreinigt sein, stärkere Lahmheit ist möglich.
Therapie: Ein guter Beschlag mit Klemmen zu beiden Seiten der Spalten durch einen Schmied genügt in der Regel. Zur Förderung des Hufwachstums werden **Silicea C30** und **Calcium fluoraticum C30,** 1- bis 2mal täglich 15 Tropfen, gegeben, bei eitrigen Zuständen zunächst nur **Hepar sulfuris D6,** 3mal täglich 15 Tropfen.

Lose und hohle Wände

Ursachen: Bei Hufverletzungen schiebt sich zwischen Sohle und Wand Schmutz, der die Hufwand und die Lederhaut trennt.
Symptome: Lahmheit, Verletzungen am Hufrand, Hufabszesse.
Therapie: Schmutz entfernen, die hohle Wand muß vollständig unterhöhlt werden. Huf verkürzen, Wundreinigung, Höhle mit Watte füllen, die mit **Calendula-** oder **Arnikalotion** getränkt ist. Auch das Baden des ganzen Fußes in **Calendulalösung** fördert die Heilung.

Als Hauptmittel wird **Silicea C30**, 1mal täglich 15 Tropfen 1 Woche lang in Kombination mit **Hepar sulfuris D6,** 3mal täglich 15 Tropfen, gegeben. Huf orthopädisch beschlagen lassen. Einreibungen am Kronrand mit **Symphytumtinktur** fördern das Hufwachstum.
Verletzungen der Krone mit gleichzeitiger Verletzung der Strecksehnen treten meistens nur bei Pferden auf, die »schildern«. Hier gibt man **Arnika D3** und **Symphytum D4**.

Hufknorpelfisteln

Nach einer Verletzung kann ein Teil des Knorpels absterben. Dann wandert eine Menge Eiter zum Kronsaum hinauf, wo er sich durch eine Öffnung nach außen ergießt. Das Tier lahmt im akuten Stadium stark.
Therapie: Die Eiterungen müssen sofort behandelt werden, da sonst die in der Nähe liegenden Sehnen und Knochen beeinträchtigt werden. **Hepar sulfuris D6** baut die vorhandene Eiterung ab, während **Silicea C30** das abgestorbene Gewebe abträgt und die Gewebsneubildung anregt. Dosierungen wie bei »Lose und hohle Wände.«
Das Auftragen von **Calendulalotion** fördert den Heilungsprozeß.

Hufknorpelverknöcherungen

Sie treten vorzugsweise bei weithufigen Tieren auf, Berufskrankheit der Brauereipferde!
Ursachen: Zerrungen, Quetschungen des Hufknorpels, Arbeit auf hartem Boden.
Symptome: Ausbuchtung des Hufs am hinteren Kronrand mit Kantenbildungen am Übergang zur Zehenseitenwand, die Tiere gehen kaum lahm, der Knorpel kann bei Druck gefühlt werden.
Therapie: Einsägen der Hufwand oder operative Entfernung der Verknöcherung. Vorher kann man versuchen, die Veränderungen mit **Symphytum, Hekla Lava** oder **Silicea** abzubauen. Besonders gute Erfahrungen liegen mit **Graphites C30** vor.

Entzündungen des Kron- oder Fesselgelenks

Ursachen: Erkrankung der Seitenbänder des Gelenks, bodenenge oder zehenweite Stellung, Verstauchungen.
Symptome: Lahmen mit unvollständigem Durchtreten, Lahmheit verstärkt bei Trab auf hartem Boden, kaum schmerzhafte, manchmal höckerige Anschwellungen, deutlich Schmerzen, wenn der Huf am aufgehobenen Bein gedreht und die Fessel festgehalten wird. Übergang in Hufrollenentzündung möglich.
Therapie: Eisen abnehmen, kalte Umschläge anfangs auch mit Eiswasser machen, dazu **Arnika C30** und **Ruta graveolens C30**, 2mal täglich 15 Tropfen, 4 Tage lang.
Bei beginnender Schwellung des Gelenks **Apis C30,** 4 Gaben im Abstand von 1 Stunde, je 15 Tropfen, bei Schwellung und gleichzeitiger Besserung durch Bewegung gibt man **Bryonia D6**, 3mal täglich 15 Tropfen.
Alte Fälle müssen mit **Silicea C30** und **Calcium fluoraticum C30** angegangen werden.

Synoviale Schwellungen

Synovia, die Gelenkschmiere, sorgt für reibungslose Bewegungen der Gelenke, der Sehnen in den Sehnenscheiden und Schleimbeuteln, so daß sie glatt über Knochenspitzen und ähnliche Hindernisse führen. Bei Entzündungen wird vermehrt Synovia abgegeben, es kommt zu schmerzhaften Schwellungen. Bei sofortiger Behandlung können die Schwellungen rasch nachlassen. Da die Kapsel der Schwellung aber bestehen bleibt, füllt sie sich in der Regel wieder.
Eine besondere Neigung zur Gallenbildung besteht bei Mangelkrankheiten, vor allem, wenn das Kalzium-Phosphor-Verhältnis nicht stimmt. Man findet sie häufig bei Pferden mit schlaffer Konstitution, schwachen Gelenken und Bändern und bei Pferden, die zu früh zu anstrengender Arbeit herangezogen wurden.

Spat

Häufigste Lahmheitsursache des Pferdes ist eine chronische Schleimhautentzündung der Sprunggelenksinnenfläche, sie wird durch Überanstrengung bewirkt. Es kann später zu Knochenauflagerungen kommen.
Ursachen: plötzliche schwere Anstrengungen, scharfes Parieren, zu großes Reitergewicht, vererbte Anlage.
Symptome: Es entwickelt sich allmählich Lahmheit, sie wird meistens beim Übergang vom Schritt zum Trab sichtbar. In Ruhestellung ist der Rücken verspannt. Der Trab ist unsauber, wenn beide Hinterbeine spatkrank sind, die Hufvorderwand ist stärker abgenutzt, Schonen des kranken Beines im Stehen, im fortgeschrittenen Stadium Zuckfuß möglich. Zu Beginn ist die Knochenauftreibung schwer erkennbar.
Bei einer *Spatprobe* muß man den kranken Fuß einige Minuten anheben und stark beugen. Nach dem Niedersetzen des Fußes läßt man das Pferd plötzlich antraben. Spat liegt vor, wenn das Tier heftig mit dem kranken Bein zuckt und es nicht fest auf den Boden setzt.
Therapie: Solange vermehrte Wärme an der Sprunggelenksinnenseite fühlbar ist, macht man durchblutungsfördernde Einreibungen und Umschläge und läßt das Tier ansonsten in Ruhe, bis die Lahmheit verschwunden ist. Bei jungen Pferden hilft zusätzlich eine Gabe von **Vigantol.**
Ist der beginnende Spat Folge einer Verletzung, gibt man **Arnika C30**, 2mal 15 Tropfen im Abstand von 3 Stunden, oder **Ruta graveolens C30**, 3mal täglich 15 Tropfen 3 Tage lang. Es verhindert den Auftreibungsprozeß.
Ist mit Spat eine ständig aufflackernde Lahmheit verbunden, können **Symphytum D1** und **Hekla Lava D3** je 3mal täglich 20 Tropfen, und Einreibungen mit **Kyttasalbe** helfen. In diesem Fall erfolgt monatelang kein Beschlag. Man füttert nur ¾ der üblichen Menge, gewährt mehrere Wochen Stallruhe und läßt nur einen orthopädischen Beschlag zu.
Die Knochenhasenhacke ist eine kaum sichtbare, aber schmerzhafte Knochenauftreibung in der unteren Sprunggelenksgegend,

sie entsteht durch Verletzungen oder Liegen auf hartem Boden. Alle Formen von Spat können durch die selbstgemachte **Essigsaure-Tonerde-Salbe** günstig beeinflußt werden. Gute Erfolge werden auch mit der Laserakupunktur erzielt.

Gelenksgallen

Die Gebrauchsfähigkeit der Tiere wird im allgemeinen von Gelenksgallen nicht beeinflußt, sie sind mehr ein Schönheitsfehler! Eine Behandlung ist also nicht unbedingt erforderlich. Man sollte jedoch neu aufgetretene Gallen, besonders im Bereich der Sprunggelenke, ernst nehmen. Auf jeden Fall muß geprüft werden, ob zusätzlich vielleicht kleinere Verletzungen vorliegen. Bedenklich sind eitrige Piephacken. Sind Gallen mit Lahmheiten verbunden, muß man einen sachkundigen Behandler rufen.

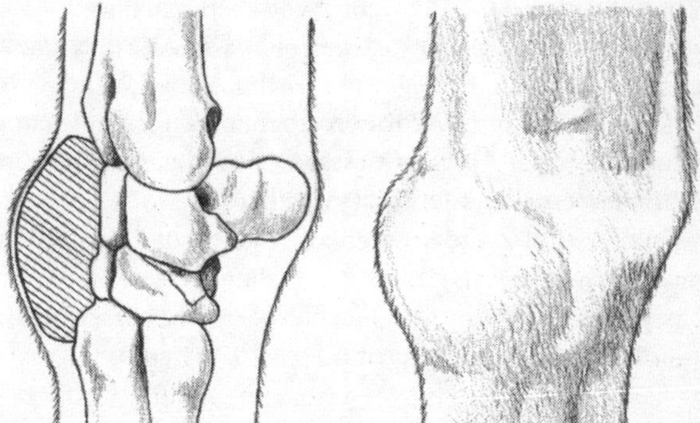

Galle am Vorderfußwurzelgelenk

Ursachen: zu plötzliches, starkes Arbeiten, fehlerhafter Beschlag, Stürze, Liegen auf hartem Boden.
Symptome: An den Gelenken zeigen sich rundliche, meist weiche und nur zu Beginn schmerzhafte Anschwellungen, sie werden bis kindskopfgroß, in der Regel zeigt sich keine Lahmheit. Die Flüs-

sigkeitsansammlung bleibt, wird sie nicht behandelt, als dauernde Schwellung zurück. Nur selten wird die Flüssigkeit vom Körper aufgesogen, meist verhärtet sie. Sie kann auch eitern oder aufbrechen. Bei Sprunggelenksgallen ist ein Übergang in akute oder chronische Arthritis möglich. Gallen an ungünstigen Stellen verdicken, hier können Haare ausfallen oder Pigmenteinlagerungen erfolgen. Sprunggelenksgallen sind bei jungen Weidepferden oft durch Mineralstoff- und Vitaminmangel bedingt.

Theraphie: Ruhe, kein Kraftfutter! Frische Beulen mit Entzündungen und verletzten Stellen werden 2mal täglich mit kaltem Wasser abgespritzt. Nach Abklingen der Schmerzen ist die Wasseranwendung nutzlos. Hilfreich sind kühlende **Lehmanstriche,** Anstriche mit **Acetatbrei** und Umschläge mit **Arnikalotion** oder **essigsaurer Tonerde,** Einreibungen mit **Restitutionsfluid** oder **Fluid blau** oder **heparinhaltige Salben.** Gleichzeitig wird **Apis C30,** 4mal im Abstand von 1 Stunde 15 Tropfen, in Verbindung mit **Kalium bichromicum C30**, 1mal täglich 5 Tage lang, gegeben. Das verhindert das Austreten von Synovialflüssigkeit.

Ein gutgepolsterter Verband ist besonders bei Verletzungen am Sprunggelenk für den Erfolg wesentlich. Ältere Gallen können oft noch erfolgreich durch Wärmereizbehandlungen mit **Ichthyol-, Jod-, Kampfer-** oder **Habstalinesalbe** – zweimal täglich, immer kräftig einmassieren – beeinflußt werden.

Große Beulen muß man immer vom sachkundigen Behandler therapieren lassen. Das Öffnen der Gallen ist gefährlich, zudem heilen geöffnete Gallen meist schlecht ab. Therapieresistente Gallen können operativ entfernt oder verödet werden.

Steingallen

Das sind Quetschungen der Weichteile in den Eckstrebenwinkeln, meist an den Hufinnenseiten der Vorderfüße.

Ursachen: Treten auf Steine, schlechte Hufpflege, Zwangshuf, schiefer oder spröder Huf.

Symptome: Lahmheit, die sonst keine Erklärung hat, bei trockenen Steingallen zeigen sich rotblaue Flecken, bei nässenden, eitri-

gen Steingallen sind Huf und Krone warm und druckempfindlich. Ein starkes Pulsieren in der Fessel ist möglich, veraltete Steingallen zeigen eine Ringbildung am Huf. Unbehandelt kommt es zu Vereiterungen der gesamten Huflederhaut, Durchbruch des Eiters an der Krone, Blutvergiftung.
Therapie: Kühlende Umschläge! Einschlagen des Hufes in feuchten Lehm, sofort nach der Verletzung **Arnika C30,** 2mal im Abstand von 2 Stunden geben. Tritt innerhalb von 2 Tagen keine Besserung ein, einen fachkundigen Behandler rufen.
Trockene Steingallen erfordern einen richtigen Beschlag und **Calcium fluoratum C30,** 1mal wöchentlich 15 Tropfen, 4 Wochen lang. **Hepar sulfuris C30**, 1mal täglich 4 Tage lang 15 Tropfen, verhindert den Übergang in die eitrige Form. Eitrige Steingallen werden mit **Silicea C30**, 1mal täglich 15–20 Tropfen 10 Tage lang, angegangen.
Eine Rückbildung nicht zu alter Steingallen fördert **Symphytum D4**.
Die »Wade« entsteht an der Hinterseite im Bereich des Röhrbeins bzw. des Fesselgelenks. Sie ist eine Schwellung, die durch Zerreißen der Beugesehne entsteht. Hier hilft nur eine Operation.

Überbeine

Sie entstehen durch Knochenhautentzündungen mit der Tendenz zur Knochenneubildung an den Enden der Griffelbeine. Überbeine sind Folgen ungleichmäßiger Belastung der Griffelbeine. Es kommt dabei zu Verwachsungen zwischen Griffel- und Röhrbein. Überbeine sind harmlos, wenn sie nach außen ragen, da sie keine Sehnen oder Sehnenscheiden beeinträchtigen. Meistens bestehen sie aus einer großen oder mehreren kleinen Schwellungen unter dem Karpalgelenk. Die Schwellungen gehen in Knochenauftreibungen über. Von Bedeutung sind die Überbeine, die bei nachgenannter Probe schmerzhaft sind. Bei aufgehobenem Bein drückt man den Finger in Richtung Fesselträger. Zeigen sich hier Schmerzen, wachsen die Überbeine unter den Fesselträger und können diesen schädigen.

Symptome: unterschiedliche Stützbeinlahmheit durch Überanstrengung der Tiere, Anschlagen mit dem benachbarten Fuß bei Übermüdung, unkorrekter Beschlag.
Junge Pferde werden besonders geschont, man macht vorbeugende Umschläge mit **Arnikalotion** und Bandagen.
Therapie: Ruhe, heiße Umschläge mit **essigsaurer Tonerde,** bei einer Verletzung hilft **Arnika D6,** 3mal täglich bis stündlich 10–15 Tropfen, danach **Ruta graveolens D6**, 3- bis 5mal täglich 15 Tropfen. Es verhindert die genannte Tendenz zur Knochenneubildung. In fortgeschrittenen Fällen kann noch **Silicea C30** helfen, 1mal täglich 15 Tropfen, 10 Tage lang.

Entzündungen der Sehnen

Sie sind sehr häufig und treten meistens an den Vorderbeinen auf. Betroffen sind in der Regel die Beugesehnen, die auf der Rückseite der Gliedmaßen verlaufen. Beugesehnen sind kräftiger als die vorn liegenden Strecksehnen.
Ursachen: Zerrungen, schwache Sehnen, lange Fesselung, Stellungsfehler, Ernährungsfehler während der Aufzucht.
Symptome: Sehr starkes Lahmen, die Sehnen fühlen sich heiß an und sind häufig geschwollen. Schonen des Fußes, kein richtiges Durchtreten, leichtes Stolpern. Die Heilung kann 6 Monate dauern.
Therapie: Bald nach der Verletzung werden kalte Umschläge mit **Eiswasser** oder **essigsaurer Tonerde** gemacht, auch eine Lotion aus **Ruta graveolens** und **Arnika** hilft. Innerlich gibt man ebenfalls **Arnika D6,** 3mal täglich bis stündlich 15 Tropfen, und **Rhus tox. D12**, 3mal täglich 10 Tropfen.
In chronischen Fällen hilft **Silicea C30**, 1mal täglich 15 Tropfen, 10–14 Tage lang, die Verdickungen abzutragen.
Sehnenerschlaffungen bei jungen Tieren können sich bei Schonung ohne jegliche Behandlung verlieren; sehnenstärkend wirkt **Silicea D12**.

Muskelentzündungen

Man findet sie oft bei schmerzhaften Knochen- und Gelenkerkrankungen der Beine. Sie entstehen, weil die Tiere versuchen, Schmerzen durch regelwidriges Belasten auszuschalten. Das führt zu Zerrungen und Störungen der Muskelmechanik. Muskelentzündungen entstehen auch bei Trainingsbeginn junger Pferde, bei übersteigertem Geschlechtstrieb und bei der normalen Rosse. Muskelentzündungen treten vorzugsweise in der Kruppenmuskulatur auf. Ein Großteil der Muskelentzündungen hat eine rheumatische Basis.

Verdickungen am Schulterblatt

Als Folge von Schulterlahmheit treten am schwanzseitigen Ende des Schulterblattes faust- bis kindskopfgroße Schwellungen auf. Diese Schwellungen sind nicht schmerzhaft, sie reichen bis unter das Schulterblatt. Frische Fälle werden mit **Arnika** und **Gingko bilabo** angegangen, wobei lokal durchblutende Mittel sehr hilfreich sind.

Verrenkungen und Festhaken der Kniescheibe

Betroffen sind meistens Jungtiere, deren Bänder noch schwach und sehr dehnbar sind.
Ursachen: Anschlagen, ungeschicktes Aufspringen.
Symptome: Ein Hinterbein kann plötzlich nicht mehr gebeugt werden, es wird steif im Halbkreis nach außen geführt. Die Zehe wird meist nachgeschleift, das Pferd hüpft auf 3 Beinen. Bei Erschrecken, leichtem Schlag oder einer Bewegungsänderung kann sich der Fuß wieder von selbst einrenken.
Therapie: Versuch der Einrenkung! Dabei die Fessel des verrenkten Fußes stark nach vorwärts-aufwärts ziehen, damit sich die mit der Kniescheibe verbundene Muskulatur lockert. In der Regel schnappt die Kniescheibe ein. Scheitert der Versuch, muß man einen sachkundigen Behandler hinzuziehen.

Hinweis: Therapieversuche mit **Silicea C30** können die Sehnen stärken. Tritt die Verrenkung öfter auf, kann nur eine kleine Operation helfen.

Entzündungen des Kniegelenks

Ursachen: Überanstrengungen, Zerrungen der Gelenkbänder, besonders bei unregelmäßiger Arbeit, Infektionen.
Symptome: Stützbeinlahmheit, verstärkt beim Bergaufführen, mit Besserung bei längerer Bewegung, der gehobene Fuß wird langsam niedergestellt, in Ruhe folgt Entlasten des erkrankten Beines, das kranke Gelenk erscheint geschwollen und mit Flüssigkeit gefüllt. Die Entzündungen sind sehr langwierig, fortgeschrittene Fälle oft unheilbar.
Therapie: In akuten Fällen, die Schwellungen bilden sich erst später, gibt man **Apis D6**, 4mal täglich bis zu 15 Tropfen stündlich, dazu **Ruta graveolens D12**, 2mal täglich 15–20 Tropfen. So wird die beginnende Knochenhautentzündung aufgehalten.
Ist die Schwellung schon da, entscheidet der Bewegungsablauf über das einzusetzende Mittel. Verschlimmert die Bewegung die Krankheitserscheinungen, ist **Bryonia D4** angezeigt, bessert sich die Bewegung, gibt man **Rhus tox. D6**, von beiden Mitteln 3mal täglich 15 Tropfen.
Äußerlich helfen Umschläge und Salben wie bei Gelenksgallen. Ältere Entzündungen werden wie ältere Gelenksgallen angegangen. In der Regel ist hier ein sachkundiger Behandler notwendig, weil leicht ein Übergang in die chronisch-arthritische Form möglich ist.

Stelzfuß bei Fohlen

Das ist eine ein- oder beidseitige Verkürzung der Sehnen.
Ursachen: Sie kann angeboren sein, auf Wachstumsstörungen beruhen oder durch Gelenkserkrankungen oder Mangelkrankheiten entstehen.

Symptome: zeitweilige Steilstellung oder nach vorn durchgebogene Fesselgelenke der Vorderbeine mit Einknicken.
Therapie: Leichte Fälle werden bandagiert, sie können selbst ausheilen. Dabei wirkt **Silicea C30** unterstützend.
In schwierigen Fällen sollten bei ganz jungen Tieren die Operationsmöglichkeiten geprüft werden, da die üblichen Behandlungen für ziemlich aussichtslos gehalten werden. Eine kleine Linderung bringt ein orthopädischer Beschlag.

Hufrehe

So nennt man eine Entzündung der Huflederhaut. Sie ist sehr schmerzhaft, weil sich die Entzündung wegen der festen Hufwand und Hufsohle nicht nach außen ausdehnen kann. Besonders anfällig sind Robustpferde und Ponys.
Ursachen: Erkältungen, Überfütterungen mit konzentrierten, besonders eiweißhaltigen Futtermitteln, Allergien, anstrengende Arbeit auf hartem Boden, Nachgeburtsverhaltung, zu wenig Bewegung. Bei dicken Ponys tritt sie auf, wenn das Gras einen zu hohen Anteil an jungem Klee oder Wiesenschaumkraut enthält.
Symptome: Allgemeinleiden, Freßlust kaum vermindert, Vorwölben der Hufsohle, Einsinken des Kronwulstes, Dickerwerden des Zehenrandes, oft Knollenbildung, Temperaturanstieg um 1–2 Grad, wesentlich erhöhter Puls, deutliche Lahmheit der Vorderfüße, steifer Gang, Trachten fußen zuerst auf, Huf bei Beklopfen schmerzhaft, die Vorderfüße werden weit vorgestellt, die Hinterfüße unter den Bauch gesetzt. Bei Beginn der Bewegung wölbt sich der Rücken, der Kopf wird nach vorn gestreckt. Das Hinlegen und Aufstehen erfolgt langsam und mit Schwierigkeiten.
Unbehandelt bildet sich innerhalb von 8–10 Tagen der Rehehuf aus. Bei längerer Entzündung entstehen tiefe Rillen rings um den Huf, also chronische Hufrehe. Der Rehehuf ist keiner Behandlung zugängig.
Therapie: Abnahme der Eisen! Beim Auftreten der ersten Entzündungszeichen gibt man **Aconitum** oder **Belladonna**. Danach hilft **Gingko bilabo D1**, 3mal täglich 15 Tropfen, es schwemmt die

Gifte aus und fördert die Durchblutung. Dieses Mittel spricht besonders gut bei Ponys an. Chronische Fälle können versuchsweise noch mit **Nux vomica C30** in Verbindung mit **Sulfur D4** angegangen werden. Als unterstützende Maßnahmen macht man 3- bis 4mal täglich Einreibungen oder Umschläge mit **essigsaurer Tonerde** oder Watteverbände. Tier nur vorsichtig bewegen! 24 Stunden kein Wasser geben und 2 Tage lang nur Stroh füttern.
Ein Aderlaß im Anfangsstadium kann die Ausbildung des Rehehufes stoppen. In chronischen Fällen verhindert ein orthopädischer Beschlag eine Verschlechterung.
Zur *Vorbeuge* dient die richtige Fütterung, ein sachkundiger Behändler hilft bei Schwergeburten und Nachgeburtsverhaltung.

Knochen- und Beinbrüche

Die Beurteilung der Heilungsaussichten kann nur ein chirurgisch versierter Tierarzt vornehmen. Geschlossene Brüche sind in der Regel günstiger zu beurteilen als offene.
Symptome: Schmerzen, abnorme Beweglichkeit, Formveränderungen, wie Abknickungen, Schwellungen der umgebenden Weichteile, unmittelbar an der Bruchstelle ist unter Umständen ein leichtes Rauschen hörbar.
Therapie: Bis zum Eintreffen des Behandlers werden die Gliedmaßen geschient mit guter Polsterung, am besten ein Kissen. Das Pferd darf sich keinen Schritt mehr bewegen! Keine schmerzlindernden Mittel verabreichen, da das Tier sonst die Gliedmaßen belastet und die Knochen dadurch verschoben werden können.

Hautkrankheiten und Parasiten

Die äußere Haut schützt den Tierkörper gegen Temperaturschwankungen, Verletzungen, Druck und Stoß und vor Infektionen. Die Haut ist wie eine 3. Niere am Gasaustausch beteiligt, sie reguliert weitgehend den Stoffwechsel und Kreislauf. Deshalb beeinträchtigen mangelnde Pflege und Schädigungen der Haut das Allgemeinbefinden und das Wachstum der Tiere, verursachen einen Rückgang der Leistung; in schweren Fällen kommt es sogar zu ernsten Störungen der Fruchtbarkeit.

Da die Haut auf alle nur möglichen Einflüsse reagiert, kann man die Gesundheit und das Wohlbefinden eines Tieres nach seiner Haut- und Haarbeschaffenheit beurteilen. Eine Störung der Hauttätigkeit durch äußere Einwirkungen ist meist mit inneren Krankheiten verbunden. Die Haut ist neben Lunge und Niere ein wichtiges Ausscheidungsorgan, sie ist das letzte Ventil, Giftstoffe wieder aus dem Körper zu bringen.

Richtige und regelmäßige Hautpflege sorgen für einen reibungslosen Ablauf wichtiger Stoffwechselvorgänge und für eine gute Hautatmung, sie kann das Leistungsvermögen sichtbar steigern. Beim Putzen wird die Haut abgetastet! So kann man Sekretkrusten und Pusteln leicht fühlen. Sie sind ein Zeichen dafür, daß etwas nicht in Ordnung ist. Alle Hautwunden sind Krankheitspforten!

Ein Teil der üblichen Hautkrankheiten ist ansteckend, deshalb müssen befallene Pferde bis zur genauen Diagnose isoliert werden. Putzzeug und Stallgeräte sollten vorsichtshalber desinfiziert werden. Sofern äußerliche Mittel eingesetzt werden, empfiehlt es sich bei Pilzbefall, die befallenen Stellen zuerst mit heißem Wasser und Soda zumindest oberflächlich zu reinigen.

Futterzusätze, die Fungizide enthalten, dürfen nicht gegeben werden.

Hautgeschabsel

Jedes Hautgeschabsel sollte zur Sicherung einer genauen Diagnose untersucht werden. Hautteile dafür lassen sich einfach gewinnen, indem an der Oberfläche geschabt wird. Über das Geschabsel heftet man einen Klebestreifen, zur Not auch Tesafilm. Das so gewonnene Testband wird zur mikroskopischen Untersuchung gegeben. Bei Verdacht auf Grasmilbenräude muß tiefer geschabt werden, bis einzelne Blutstropfen erscheinen.
Zur *Vorbeugung* vor Hautkrankheiten werden die Pferde täglich 20–30 Minuten geputzt, im Sommer gelegentlich gewaschen. Die Putzgeräte müssen saubergehalten werden, eine übertriebene Fütterung mit Ersatzfuttermitteln ist zu vermeiden, das Lederzeug muß gepflegt und die Sattellage abgewaschen werden.

Räude

Die Räude ist meldepflichtig, eine Übertragung auf Menschen möglich!
Räude ist ein Sammelbegriff für Hautkrankheiten, die mit Juckreiz einhergehen, meist chronisch verlaufen und durch verschiedene Arten von Räudemilben hervorgerufen werden. Die Milben graben Gänge in die Haut und saugen Blut von den Wirtstieren. Eine Form der Räude beginnt meistens am Kopf (Grasmilbenräude), die andere an den Ansatzstellen von Schweif und Mähne: Saugmilbenräude. Beide Arten können in wenigen Wochen den gesamten Körper befallen. Vom Befall ausgenommen sind stets die Unterfüße.
Symptome: Knötchen, Bläschen, Krusten, Hautverdickungen, kleieartige Beläge, Schuppen, Faltenbildungen der Haut, trockenes und pergamentartiges Aussehen, Haarausfall auch flächenhaft, Allgemeinstörungen, Schwäche, Abmagerung.

Ein Sonderfall ist die Fußräude. Hier wird die obere Hautschicht abgebaut. Das freiliegende rötliche Gewebe darunter stinkt und näßt. Durch Bakterienbefall und fortschreitenden Gewebeabbau entstehen warzenähnliche Gebilde. Diese Räudeform tritt zumeist im Winterhalbjahr auf. Die befallenen Tiere sind unruhig und leiden besonders nachts unter starkem Juckreiz.
Als *Vorbeuge* kann man den Kötenbehang scheren, besonders bei Kaltblütern und Ponys. Beifütterung von **Biorca-Ursonne** und **Kieselgur** wird empfohlen, Weidegang, viel Bewegung im Freien. Dunkle, lichtarme Ställe begünstigen jede Räudeform.
Therapie: Wegen der Anzeigepflicht kommt für den Halter nur eine Ergänzungstherapie in Betracht. Sie beginnt mit einer ausgeglichenen Fütterung mit möglichst viel Vitamin A und einem generellen Mittel zur Kräftigung der Abwehr, z. B. Aufbaumittel von **Iso**. Bei Haarausfall gibt man Lf2 und G4 plus Staupemittel von Iso. Kahle Stellen werden mit **Rhododendron-** oder **Nettidermasalbe** eingerieben, nachdem sie vorher mit **Kamillentee** gewaschen wurden. Wer sich das Salben ersparen will, kann **Cajosol** verwenden, mit dem die befallenen Stellen im Abstand von 5–6 Tagen ausgewaschen werden. Bei Fußräude erfolgt die Reinigung der Beine mit **Schmierseifenlösung**, wobei der Kronsaum vorher mit **Lorbeersalbe** abzudecken ist.

Ekzeme

Sie sind die häufigsten Hauterkrankungen, vor allem in den chronischen Formen. Die Ekzembereitschaft ist oft angeboren, zum Beispiel bei Tieren aus Allergikerfamilien, sie wird mit zunehmendem Alter größer. Das Wort Ekzem sagt recht wenig über die Krankheit selbst aus, es ist eher ein Sammelbegriff für mehr oberflächliche Hautveränderungen.
Ursachen: Ernährungsfehler, Stoffwechselstörungen. Auslöser können Waschmittel, Imprägnier- und Pflegemittel für das Sattelzeug sein. In den meisten Fällen besteht ein zu hohes Eiweißangebot, Fettsucht, Mangel an Fetten, Vitaminen und Mineralstoffen oder chronische Verdauungsstörung.

Symptome: Schuppenbildung oder schorfiger Ausschlag, er ist trocken oder nässend, Hautjucken, Neigung zu Eiterungen möglich.
Der *Vorbeuge* dient die ausreichende Versorgung mit Vitaminen, Kalium und Spurenelementen.
Therapie: Allgemein wirkende Mittel stehen in der nachfolgenden Tabelle. Bei trockenen Ekzemen ist zusätzlich eine Leberbehandlung mit **Lycopodium D12,** bei nassen eine Nierenbehandlung mit **Berberis D6** zu machen. Als Grundbehandlung hat sich **Sulfur C30** bewährt, da meist zunächst eine Entgiftung des Körpers eingeleitet werden muß.

Dermatitis

Im Gegensatz zum Ekzem erfaßt die Dermatitis, eine Entzündung der Haut, alle Hautschichten. Der Umfang der Krankheit reicht von einer Rötung der Haut bis zum Gewebstod in den einzelnen Hautregionen. Alle Hautveränderungen befinden sich im gleichen Stadium, was beim Ekzem nicht der Fall ist.
Therapie: Auf den folgenden Seiten sind die häufigsten Hautkrankheiten aufgeführt. Bei den unter der Rubrik »Behandlungsmöglichkeiten« genannten Mitteln ist zu berücksichtigen, daß es sich um eine Auswahl handelt, die eine genaue Erhebung der Modalitäten voraussetzt.
Schwellungen und Verhärtungen von Drüsen, Organen und Lymphdrüsen können in Verbindung mit Hauterkrankungen auftreten. **Aurum jodatum D6** leistet hier Gutes.

Allgemein wirkende Mittel bei Hautkrankheiten

Art der Krankheit	*mögliche Mittel*
Hautausschläge allgemein	Waschung mit Kräuterabsud von **Gundelrebe**
Ekzeme	Waschungen mit **Bockshornkleesamentee**
Ekzeme und Flechten	Salbe aus **Wacholderöl,** vermischt mit **Schweinefett**
Flechten, Schuppen, Haarausfall	befallene Stellen mit **Zwiebelsaft** einreiben
Haarausfall	Absud von **grünen Walnußschalen** und **-blättern** mit 1–2 Löffeln Honig als Waschung und zum Einmassieren
Harthäutigkeit, meistens durch Leberleiden	**Wermuttee** als Trank und Einschütt
Erkrankungen des Haarbodens	Auflagen, Bäder, Umschläge mit **Zinnkrautabsud**

Hautkrankheiten und Behandlungsmöglichkeiten

Ursachen	*Kennzeichen*	*Lokalisation*	*Krankheitsbilder*	*Bemerkungen*	*Behandlungsmöglichkeiten*
Pilze	kreisrunde haarlose Stellen, am Rand schuppig	vorwiegend an Hals und Beinen, oft am ganzen Körper	Glatzflechte	Sulfur zur Unterstützung einsetzen	**Echinacea, Sepia**
	Schuppen auf der Haut, kein Juckreiz	meist unter der Mähne	Schuppen	dito	**Arsenicum album, Natrium muraticum**
	Hautabschuppung, Alopezie, Verschorfung, Hautreiz, Jukken, Ausbildung kleiner eitriger Herde a. d. Haarfollikeln, die verborken	ganzer Körper, beginnt am Rumpf	Fadenpilzerkrankung (Trichophytie)	dito	**Hydrocotyle, Sepia**

	Knötchen der Haut verschorfen und vereitern, Ulzerationen an den Beinen	häufig an den Beinen	mykotische Dermatitis	meist verbunden mit Lymphangitis	**Equisetum, Argentum nitricum,** äußerlich Säurebäder mit **Quercusessenz**
Bakterien, Viren	Entzündung der Haarbälge, Umbildung zu Pusteln, Störung der Talgdrüsenfunktion	meist an Stellen, die Druck ausgesetzt sind	Akne	Vitamin-A-Mangel bringt ähnliche Symptome	**Sulfur, Schwefel-Antimon, Graphites, Silicea**
	kleine Bläschen auf erythematischem Hof, z. B. durch Staphylokokken	meist auf unbehaarten Körperstellen	Impetigo		**Antimonit, Hepar sulfuris**
	Entzündung der oberen Schichten der Haut mit Ödemen des subkutanen Gewebes	ganzer Körper	Dermatitis		**Arsenicum album, Sepia, Silicea**

Ursachen	*Kennzeichen*	*Lokalisation*	*Krankheitsbilder*	*Bemerkungen*	*Behandlungsmöglichkeiten*
Parasiten	geringfügige Hautblutungen, ohne daß Verletzung vorliegt	ganzer Körper	Sommerbluten durch schmarotzende Fadenwürmer		**Hamamelis**
	schlecht heilende, wuchernde, leicht blutende Wunden und Geschwüre, starker Juckreiz durch Larven von Eingeweidewürmern, die in Wunden schmarotzen	an den Beinen	Sommerwunden	häufig Wiederauftreten im nächsten Sommer	**Hamamelis**
	Quaddeln, Blasen, größere ödematöse Flächen, oft Juckreiz	ganzer Körper	Nesselsucht evtl. auch bei Infektionskrankheiten	meist Allergie auf Insektenstiche oder Futtermittel	Abwaschen der Quaddeln mit **Essigwasser, Apis, Urtica urens,** einige Handvoll **Bittersalz** in Trinkwasser

mangelnde Pflege, Kriebelmücke, häufige Durchfeuchtung der Haut	anfangs Papelbildung, dann Schuppen und Haarausfall mit heftigem Juckreiz	Ohren, Hals, Mähne, Widerrist, Rücken, Schweifansatz	Sommerekzem	Isländer sind besonders anfällig	Eigenblutbehandlung, Sommerekzemmittel von Schaette allgemein wirkt Fußbad in **Gänsefingerkrauttee**
Stehen in feuchten, unhygienischen Ställen	übermäßige Talgabsonderung in der Fesselbeuge, Haut fettig, derb, kleine Bläschen, Lahmheit, schmerzhaftes Abschorfen, zähflüssiges, honigfarbenes Sekret	Fesselbeuge, meist an den Hinterbeinen	Mauke	Raspe ist ähnlich, befällt aber die Haut in den Sprunggelenksbeugen	**Arsenicum album, Graphites,** bei Warzenbildung **Thuja**
allergischen Ursprungs	Entzündung der oberen Schichten der Haut mit Ödemen der Subcutis, in chronischen Fällen Hautverdickungen		Dermatitis	oft mit Fieber, Vergiftungs- und Schockzeichen	**Anis, Equisetum, Arsenicum album, Rhus tox.**

Ursachen	*Kennzeichen*	*Lokalisation*	*Krankheitsbilder*	*Bemerkungen*	*Behandlungsmöglichkeiten*
seelisch-hormonell bedingte Vorgänge			Pigmentflecken Pigmentschwund	sog. Eisenflecken Vitiligo, Leukopathia	**Sepia**
Fütterungsfehler, Stoffwechselerkrankungen	Schuppen auf der Haut, kein Juckreiz, Haut trocken	meist unter der Mähne oder in den Gelenkbeugen	Schuppen		**Sulfur, Arsenicum album, Natrium muraticum**
	allgemeiner Juckreiz	am ganzen Körper oder nur am Kopf	Juckreiz	Untersuchen auf Läuse und Haarlinge, Räude ausschließen, Futterwechsel	**Arnica D4**,bei Juckreiz am ganzen Körper, sonst **Beberis vulgaris**
	Haut reibeisenähnlich, Hautverdickungen mit Trockenheit und Schuppenbildung, verhornte Zel-	Geschirrlage, Karpalgelenk, Vordermittelfuß	Hyperkeratose		**Arsenicum album, Sulfur jodatum**

len an der Hautoberfläche				
Haut durchsichtiger als gewöhnlich, glänzend		Haarausfall	meist in Verbindung mit Magen-, Leber- und Atemstörungen, oft auch nach längerer Fütterung gedämpfter Kartoffeln u. Rüben	**Lycopodium, Calcium fluoratum**
		Haar bricht		**Graphites**
		Furunkulose		**Arnika D12**
unvollständige Verhornung der Epithelzellen, Rötung, Hautverdickungen, graue Verfärbungen, Schrunden, Juckreiz, oft krötenartige Erhebungen	an den Beugeseiten der Gelenke	Parakeratosis		**Graphites, Sulfur jodatum**

Ursachen	*Kennzeichen*	*Lokalisation*	*Krankheitsbilder*	*Bemerkungen*	*Behandlungsmöglichkeiten*
gestörter Eiweißabbau, umweltbedingte Entzündungen, überstarkes Schwitzen, wiederholtes Naßwerden	unangenehmer Schweiß, Haut fettig, trocken oder flechtenartig schuppend, aber auch Bläschen, pickelförmige Eruptionen, Verkrusten, teils eiternd, leicht blutende Haut, später zähes honigfarbenes Sekret, oft Juckreiz und Haarausfall	ganzer Körper	Ekzeme	Sommerekzeme, oft scheinbare Heilung, nach der die Krankheit wieder auftritt	nässend: **Sulfur C30** trocken: **Arsenicum album** mit zähem Sekret: **Graphites**
Sonnenlicht	trockene Haut, Schorfbildung, Symptome einer Gelbsucht	Überempfindlichkeit unpigmentierter Stellen der Haut	Photosensibilisierung	kann in Dermatitis übergehen	**Hypericum, Chelodonium**
			Sonnenbrand		**Aristolochiasalbe**

mechanische Einwirkungen	harte schmerzhafte, umschriebene Schwellungen mit Abszeßbildung	im Kehlgang an der Vorderbrust, Halspartie, Unterbauch, Oberschenkelregion, Gliedmaßen	subkutaner Abszeß	meist durch infizierte Stichwunden	**Mysterica sebifera, Hepar sulfuris**
			Gabelstichwunden		**Hypericum,** äußerlich auf Verband **Calendulatinktur**
	tiefe Wunde, steht über stich- oder schnittförmiger Öffnung in Verbindung, über die Luft eindringt, aufgedunsene Erscheinung, elastisch, puffig		Unterhautemphysem		
	flächenhaft fortschreitende Entzündung des Bindegewebes und	besonders an den Hinterbeinen	subkutane Phlegmone, Einschuß	Entzündung der Lymphgefäße und Lymphknoten,	**Echinacea angustifolia, Lachesis, Pyrogenium, Tarantula cubensis**

Ursachen	*Kennzeichen*	*Lokalisation*	*Krankheitsbilder*	*Bemerkungen*	*Behandlungsmöglichkeiten*
mechanische Einwirkungen	der Lymphgefäße insbesondere in der Unterhaut, Berührungsschmerz, Abszeßbildung, plötzliche Lahmheit, oft hohes Fieber			verschleppte Fälle können zu Blutvergiftung oder bleibender Verdikkung der Gliedmaßen führen	
	Hautreizung und Hautschäden durch Verbrennungen, zu starke Hitzeeinwirkung von Umschlägen		Verbrennungen, Brandwunden		**Hypericum**
	Anschwellen und Schmerzhaftigkeit der Haut an der Druckstelle, Absterben, Geschwüre	Sattellage, Stellen wo Geschirr aufliegt	Satteldruck	es können sich langwierige Widerristfisteln bilden	frische Fälle mit **Essigwasser** abwaschen. kühlende Umschläge, im Frühstadium **Aconit, Hepar sulfuris,** später **Silicea C200**

Hautkrankheiten als Folgekrankheiten

Folgekrankheit nach	*Kennzeichen*	*Lokalisation*	*Krankheitsbilder*	*Behandlungsmöglichkeiten*
chronischen Verdauungs- und Stoffwechselstörungen, fieberhaften Erkrankungen, Aufnahme toxischer Substanzen			Haarausfall,	**Sulfur, Natrium muraticum**
			Haarbruch	bei allen Stuten **Sepia,** sonst **Graphites,** unterstützend wirken **Lycopodium** und **Flor de Piedra**
kritischem Fieberabfall, starker Atemnot, starken Schmerzen			übermäßiges Schwitzen	Abreibung mit 2–5%igem **Essigwasser, Kalium jodatum**

Ursachen	*Kennzeichen*	*Lokalisation*	*Krankheitsbilder*	*Bemerkungen*	*Behandlungsmöglichkeiten*
chronischen Unterhautödemen, Phlegmone	Bindegewebsvermehrung in der Subkutis mit Verdickung der Haut und Unterhaut, Elastizitätsverlust der Haut, Haut nicht verschiebbar, manchmal Krustenbildung, die beim Abscheuern blutet, Lahmheit	am ganzen Körper	Sklerodermie		
		an Gliedmaßen, vor allem an den Hinterbeinen	Elephantiasis	wie bei Phlegmone	
Elephantiasis	Ekzeme in den Querfurchen der Haut	meist an den Hinterbeinen	Raspe und Rhagaden	siehe bei Manke	
chronischen Herzmuskelerkrankungen	Ansammlung seröser Flüssigkeit im subkutanen Bindegewebe	Gliedmaßen und Präputium	Unterhautödeme	Durchblutung verbessern! Hauptkrankheit behandeln	

Parasiten

Ein Parasitenbefall nimmt meistens einen schleichenden Verlauf, da deutliche Krankheitserscheinungen am Anfang fehlen. Parasiten sind Schmarotzer, die zu Lasten eines anderen Tieres leben. Es gibt Parasiten der Hautoberfläche und innere Parasiten, die Würmer. Ein gesundes Pferd wird selten von Parasiten befallen. Der Milchsäureschutzmantel der Haut und ihre ständige Talgabsonderung wehren sie größtenteils ab.

Ein bereits eingetretener Parasitenbefall läßt sich oft durch Umstimmung des pH-Wertes der Haut abbauen. Hierfür genügt schon das tägliche Waschen mit **Essigwasser** (Mischung 1 : 20) etwa 3 Tage hintereinander oder die Gabe von **Obstessig** ins Futter.

Auf keinen Fall sollte für die äußerliche Parasitenbekämpfung bei säugenden Stuten Kreolinlösung verwendet werden, da die Milch der Stuten den Geruch des Mittels annimmt. Gute Ergebnisse bringt auch die Gabe von **Sulfur D30,** 1 Woche lang täglich 1 Tablette. Der Schwefel wird über die Haut ausgeschieden und ändert ihren pH-Wert so, daß selbst Haarlinge das Weite suchen, ähnlich wirkt **Bäckerhefe!**

Im Stall verwendet man Leinkraut mit Stroh als Einstreu. Das Leinkraut wird von keinem Haustier gefressen, vertreibt aber sehr zuverlässig lästiges Ungeziefer.

Läuse und Haarlinge

Läusebefall ist sehr ansteckend und erfolgt von Tier zu Tier.

Symptome: Unruhe, Reiben, Beißen, kahle Stellen, struppiges Fell. Langhaarige Tiere werden leichter befallen als geschorene. Hochgradiger Befall führt bei Jungtieren zur Abmagerung. Wichtig ist eine sorgfältige Fellpflege, die festgeklebten Läuseeier müssen entfernt werden, sie sind mit bloßem Auge sichtbar.

Therapie: Waschungen mit **Essigwasser** und **Obstessig** in das Futter geben.

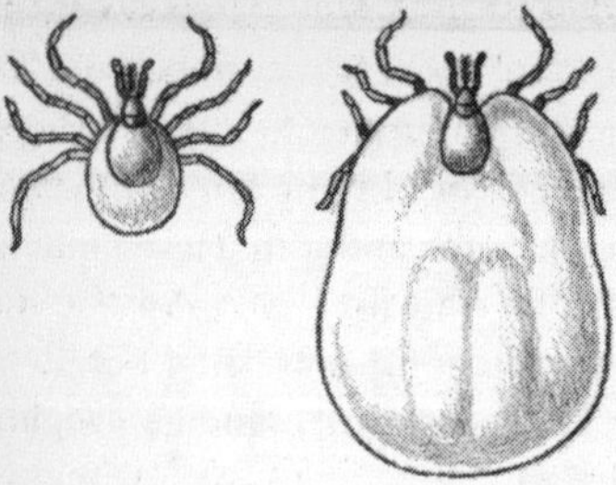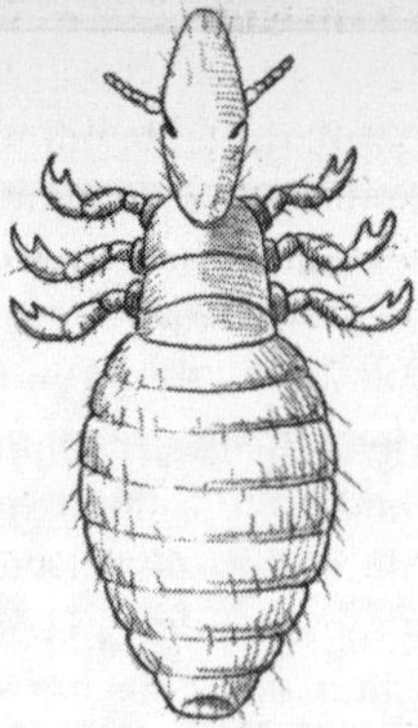

Zecke (links: nüchtern, rechts: vollgesogen) *Pferdelaus*

Zecken

Zecken sind Überträger von verschiedenen Viruskrankheiten. Die Larven und die ausgewachsenen Zecken saugen aus ihren Wirtstieren Blut. Haben sie keinen »Wirt«, leben sie auf Pflanzen. Befallen werden in der Regel die feinhäutigen Körperstellen.

Symptome: Unruhe, Juckreiz, Schwellungen an den Ansatzstellen.

Therapie: Einzelne Zecken mit Öl betupfen. sie lösen sich dann von selbst. Zecken nicht herausreißen, sondern gegen den Uhrzeigersinn herausdrehen! Sonst kann der Kopf in der Haut liegen bleiben und zu langwierigen Entzündungen und Geschwüren führen. Waschungen mit **Essigwasser** kühlen und lindern den Juckreiz.

Fliegen und Bremsen

Diese Weideparasiten bevorzugen feuchtes Gelände. Dort belästigen sie die Pferde hauptsächlich bei heißer, feuchtschwüler Luft mit ihrem Anflug und den Stichen. Der Blutentzug führt das zu Leistungsminderung und Konzentrationsschwäche. Das Ein-

sprühen der Pferde mit Insektiziden ist nicht empfehlenswert, da diese Kontaktgifte auch vom Tier selbst aufgenommen werden können. In der Regel reichen eine Einreibung mit einer Handvoll **Rainfarnpulver,** eine Waschung mit **Cajosol** oder mit der Abkochung von **Walnußblättern.**
Bei der Insektenabwehr auf offenen Wunden hilft das Aufstreuen von **Holzkohle.** An Tagen mit besonders heftiger Bremsen- und Fliegenplage kann zusätzlich die Gabe von **Apis D6,** 15 Tropfen täglich, erfolgen. Apis unterbindet den Juckreiz durch Stiche und das Anschwellen der Einstichstellen.

Dasselfliegen

Die Dasselfliege legt ihre Eier an der Innenseite der Vorderbeine ab. Sie gelangen über das Maul in den Magen, wo sie Magenentzündungen verursachen können. Treten sie gehäuft auf, sind Konditionsverluste, unbeständiger Appetit und wiederholte Koliken möglich. Während die Pferdedassel im Magen-Darm-Trakt bleibt und im Frühjahr über den Mist ausgeschieden wird, wandern die Larven der Rinderdassel nach dem Schlüpfen vom Ort der Eiablage durch die Haut quer durch den Körper zum Rücken. Meistens nisten sie sich in der Sattellage ein und bilden dort klei-

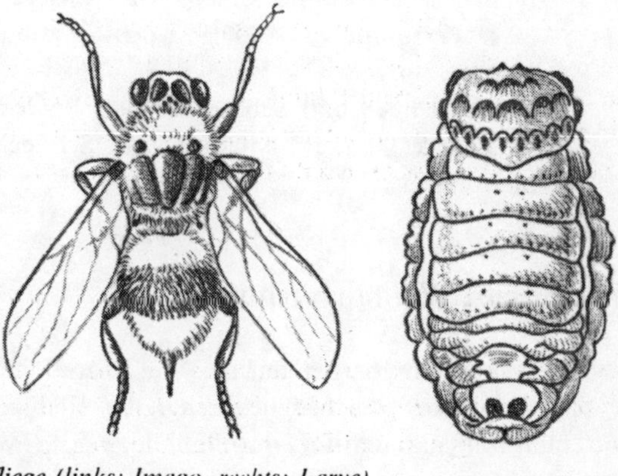

Dasselfliege (links: Imago, rechts: Larve)

ne schmerzhafte Knollen unter der Rückenhaut. Absterbende Larven verursachen oft Abszesse und Fisteln am Rücken. Zur Vorbeuge müssen täglich die Beine gebürstet werden.
Hinweis: Der Dasselbefall kann zum Sommerstreifenekzem führen! Larven bohren Gänge in die Backenhaut, es kommt zu Entzündungen mit Kau- und Schluckbeschwerden.

Leberegel

Die Aufnahme erfolgt über Futter und Wasser. Besonders gefährlich für die Pferde sind Pflanzen in der Nähe von Tümpeln und sumpfigen Stellen. Zwischenwirt ist die Zwergschlammschnecke.

Symptome: Durchfall, Fieber, Abmagerung, die sichtbaren Schleimhäute und hellgefärbten Hautstellen zeigen Symptome wie bei Gelbsucht; langsamer Verfall mit Lähmungserscheinungen. Die Krankheit entwickelt sich häufig nach Abschluß der Weideperiode. Pferde sind relativ resistent gegen Leberegelbefall, der auch den Wurmbefall begünstigt.
Therapie: Ein sachkundiger Behandler muß hinzugezogen werden! Zur Kräftigung gibt man 3mal täglich 1–2 Eßlöffel einer Pulvermischung aus 20 g **Ferrumpulver**, 300 g **Kochsalz** und 200 g **Kümmelpulver**.
Keine Rinder und Schafe auf die Weide lassen, Weiden kalken, Entenhaltung zur Schneckenvernichtung!

Leberegel

Bekämpfung von Weideparasiten

Das Aufstellen von Bremsenfallen auf der Weide und die Stapelung von Mist schränken die Möglichkeiten der Eiablage ein. Man sollte einen Lebensraum für Fliegenfeinde, wie Schwalben, Fledermäuse und Spinnen, einrichten!

Die genannten Parasiten können auch *Trichomadose* verursachen. Sie zeigt sich in Durchfall und Magenschleimhautentzündung. Im Anfangsstadium mit Fieber wird **Aconitum** gegeben, enthält der Kot reichlich Schleim, hilft **Ipecaccuanha.**

Allgemein wirkende Mittel bei Parasitenbefall

Parasiten	*mögliche Mittel*
Läuse und Milben	Einreibungen mit **Anisöl**, Abwaschungen mit Sud von **Tannenbärlapp**
Leberegel	**Wermuttee** als Einschütt oder Trank
Würmer	Pulver aus **Petersiliensamen**, grüne Schalen vom **Walnußbaum,** bis zu 5 Stück täglich, rohe **Zwiebeln, Engelsüßtee** oder **Eichenrindentee** als Einschütt oder Trank

Wurmkrankheiten

Bei den Würmern unterscheidet man 2 große Gruppen, die Band- und die Rundwürmer. Erstere sind beim Pferd relativ selten. Obwohl Schmarotzer, fügen sie den Pferden kaum Schaden zu, sie fressen lediglich am Speisebrei. Bandwurmbefall zeigt sich in der Regel durch Konditionsverlust. Die Schäden durch den Befall von Rundwürmern können dagegen beachtlich sein; besonders anfällig gegen Rundwürmer sind Jungtiere.
Würmer passieren 3 Larvenentwicklungsstadien, nur das 3. Stadium ist ansteckend. Obwohl die Eier gegenüber Witterungseinflüssen relativ wenig widerstandsfähig sind, können nach einem milden Winter durchaus noch Wurmeier auf der Weide sein. Die Hauptinfektionsquelle besteht in der Aufnahme der Eier, die sich im feuchtwarmen Milieu besonders wohl fühlen.

Wurmbekämpfung

Man muß die Tiere jährlich mindestens zweimal entwurmen! Den naturheilkundlichen Wurmmitteln fehlt bei massivem Wurmbefall die überzeugende Wirkung. Sie sind lediglich dafür geeignet, in einem gesunden Körper den Wurmbefall möglichst gering zu halten.
Wenn chemische Mittel eingesetzt werden müssen, dann verwendet man Breitbandspektrum-Wurmmittel. Die Wurmmittel müssen bei jeder Wurmbehandlung gewechselt werden, damit auch die zwischenzeitlich resistent gewordenen Stämme erfaßt werden. Jedes Wurmmittel ist Gift! Die Menge muß daher so gewählt werden, daß die Giftwirkung auf die Würmer möglichst groß, die auf das Pferd aber möglichst gering ist. Als Nebenwirkungen bei Überdosierungen chemischer Mittel können Schwindel und allergische Reaktionen auftreten. Die Gebrauchsanleitungen und die Dosierungshinweise pro Altersstufe müssen sorgfältig gelesen und eingehalten werden.
Sind mehrere Wurmkuren hintereinander notwendig, muß ein Mindestabstand von 3 Wochen eingehalten werden. Wurmkuren sind bei geschwächten Pferden gefährlich! Während einer Wurmkur müssen die Pferde geschont werden. Eine Vor- und Nachbehandlung der Pferde durch die Zufütterung von Mohrrüben, roten Rüben oder rohen Kartoffeln nach Entfernung der Keimlinge ist angebracht.
Eine vollständige Vernichtung der Würmer kann mit diesen Mitteln natürlich nicht erreicht werden, aber sie bessern den Kräftezustand und verhindern die Vermehrung der Würmer wenigstens teilweise.

Folgekrankheiten nach Wurmbefall

Arteriitis kann durch Palisadenwurmbefall verursacht werden. Die Arterien werden krankhaft verändert, es kann zu Gefäßverschlüssen kommen.
Wurmaneurysma bewirkt eine mangelnde Blutversorgung des

Bauchraums. Als Symptome treten in erster Linie periodische Koliken auf. Erfolgt eine gleichzeitige Infektion durch Bakterien, kann die Temperatur stark ansteigen. Manchmal zeigt sich eine vermehrte Spannung der Bauchwand, ein Merkmal von Bauchfellentzündungen.
Kolikartige Erscheinungen durch tote Spulwürmer können bei Fohlen auftreten.
Alle krankhaften Erscheinungen nach einer Wurmbehandlung erfordern einen sachkundigen Behandler.

Naturheilkundliche Mittel gegen Wurmbefall

Wurmart	*mögliche Mittel*
Spulwürmer	**Abrotanum D1–D3,** bei Wurmbefall mit starkem Durchfall zusätzlich **Carbo vegetabilis D3,** unterstützend **Teucrium scorod. D3**
Madenwürmer	**Allium sativum D1–D3, Bärlauch**
Bandwürmer	**Stanum D3, Cuprum sulfuricum cp.**
Spul- und Madenwürmer	Mischung aus **Knoblauch, Anispulver, Karottenbrei** mit **Hagebutten**
Leberegel	**Cuprum sulfuricum cp.**, bei Fieber **Iso G12, W1, St10**
Priemenschwänze	**Teucrium scorod.**

Wurmmittel bei besonderen Symptomen

Art des Wurmbefalls	*mögliche Mittel*
Wurmbefall mit starken Durchfällen	**Carbo vegetabilis D3**
ständiger Wurmbefall	**China D3, Cuprum aceticum D4**
Wurmbefall mit Koliken	**Sabadilla D4**
bei vergeblichen Kuren mit chemischen Mitteln	**Calcium carbonicum C30**

Die naturheilkundlichen Mittel wirken blutreinigend und giftwidrig, sie dienen in erster Linie der Kräftigung des Darms. Er bietet nach der Einnahme und seine Milieuänderung wesentlich schlechtere Lebensbedingungen für die Würmer. Die Würmer werden zum Auswandern gezwungen. Die volle Wirksamkeit naturheilkundlicher Mittel wird erst nach einer gewissen Zeit sichtbar.
Es gibt nur wenige Mittel, die gezielt auf nur eine Wurmart ansprechen, die meisten Mittel wirken ungezielt. Zu ihnen zählen **Spigelia D1–D3, Flor de Piedra D3** und **Natrium phosphoricum D12,** bei Natrium dürfen keine fieberhaften Zustände vorliegen. Weiter eignen sich **Cuprum oxydatum nigrum D4, Abrotanum D2–D3** und ISO-Darmmittel bzw. Wurmmittel.
Jede Entwurmung sollte mit **Arnika D4** begonnen und mit einer einmaligen Gabe von **Calcium carbonicum C200** abgeschlossen werden.

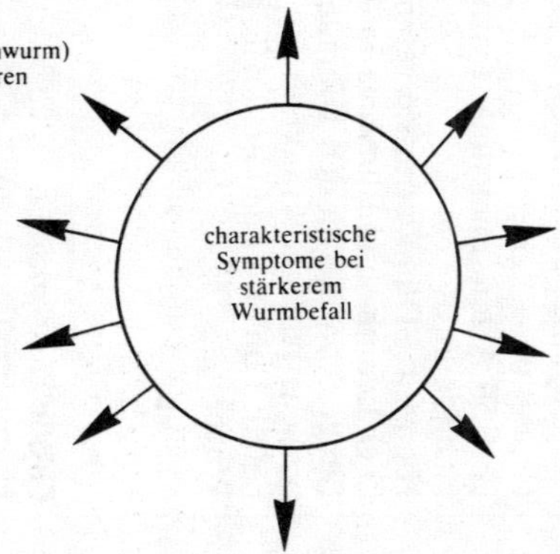

Atmungsorgane

- beidseitiger Nasenausfluß (Lungenwurm)
- chron. Husten/Atemnot (Magenwurmbefall)
- Lungenentzündung (Lungenwurm)
- gehäuftes Husten bei Weidegang (Lungenwurm) (Erkrankungen der Atmungsorgane anderen Ursprungs – Viren Bakterienbefall – müssen ausgeschlossen werden)

Fell

- glanzlos, struppig
- verspäteter Haarwechsel (besonders bei Palisadenwürmern)

Augen

- Augenentzündungen (Magenwurmbefall)

Bewegungen

- nicht koordiniert (Auswirkungen auf das Gehirn über den Blutkreislauf

Fieber

- wechselndes (Palisadenwurm)
- vorübergehendes und Atemnot (Lungenwurm)

Haut

- Scheuerstellen an Schweifwurzel
- ekzemartige Veränderungen oder Haarausfall im Schweifwurzelbereich (Pfriemenschwänze) – Läuse, Haarlingsbefall v. Räude müssen ausgeschlossen werden –
- bei Saugfohlen Hautschwellungen durch Hautinfektionen (Zwergfadenwurm)
- Sommerwunden (Magenwurmbefall)

Allgemein-Symptome

- Abmagerung mit aufgetriebenem Bauch
- Konditionsschwäche, Leistungsminderung (besonders Palisadenwürmer)
- Juckreiz am After
- Wachstumsstörungen
- Blutarmut (virusbedingte Anämie muß ausgeschlossen werden)

Psyche

- Arbeitsunlust
- traurig matt – bei Fohlen bis vollständige Entkräftung möglich

Futteraufnahme

- Wechseln des Appetits
- Durst größer als sonst
- Magerkeit bei guter Freßlust (besonders bei Spulwürmern)

Verdauung

- blutiger Durchfall (Palisadenwürmer)
- Verstopfung
- Durchfälle (häufig wiederkehrend) – Spulwürmer
- rote Würmer im Mist
- Kolik, kolikartige Erscheinungen
- in Analgegend weißlich-gelblich-graue auch schmutzig-graue Eischnüre bzw. Borken

Wurmart	*Besonderheiten*
Palisadenwürmer	Größe: 1–5 cm; Hauptsitz: Abzweigung der Hauptschlagader zum Magen-Darm-Trakt; Wurm befällt alle Altersklassen; häufigste Wurmart bei Pferden.
Spulwürmer	Größe: 4–6 cm; Hauptsitz: Dünndarm, Larven wandern über die Leber in die Lunge; befällt vorwiegend Fohlen und Jungtiere bis 2 Jahre, ältere Tiere meist resistent. Muttertiere können Ei-Ausscheider sein.
Zwergfadenwürmer	Größe: 0,5–2 cm; über 50 Arten, manchmal zwirnsfadendünn; Hauptsitz: Dünndarm, sie gelangen über Lymph- und Blutwege in die Lunge, von hier in den Dünndarm; typische Aufzuchtkrankheit; befällt Fohlen in den ersten Tagen und Wochen.
Pfriemenschwänze	Größe: 2–4 mm; Hauptsitz: Dickdarm; befällt erwachsene und ältere Pferde.
Magenwürmer	Größe: 3–6 mm; Hauptsitz: Magenwand.
Bandwürmer	Größe: je nach Art bis 80 cm; Hauptsitz: Dünndarm.
Lungenwürmer	fast ausschließlich beim Esel vorkommend, Pferde werden nur bei Weidegemeinschaft mit Eseln befallen; Larven gelangen auf dem Blutweg in die Lungen.

Wurmkur	*Bemerkungen*
Bei Jährlingen alle 8 Wochen.	Jedes Pferd ist Strongolydosenträger oder hat im Laufe seines Lebens eine Strongolydose durchgemacht. Strongolydose ist zu 90% der Fälle Ursache des Wurmaneurysmas der vorderen Gekröseaarterie. Stongolydosenbefall steht in Verbindung mit Kolikneigungen. Leberregelbefall.
Bei Jährlingen alle 8 Wochen, bei Mutterstuten bis 6 Wochen vor der Geburt und in der ersten Woche danach.	Kotuntersuchungen alle 4 Monate.
Bei Fohlen bereits in den ersten 14 Tagen nach Geburt. Wird dem Fohlen kein Wurmmittel gegeben, kommt es zur Selbstinfektion. Wurmkur muß der Stute und dem Fohlen gleichzeitig gegeben werden.	Fohlen kommt wurmfrei zur Welt, nimmt aber bereits die ersten Wurmeier mit der Muttermilch (bis 46 Tage nach Geburt) oder aus der Umgebung auf. Enthält die Muttermilch zahlreiche Larven, erkranken die Saugfohlen ab dem 8. Tag an Durchfall.
Beim Jährling alle 8 Wochen.	Wichtigstes Symptom ist der Juckreiz am After.
	Zu hoher Besatz der gemeinsamen Weide mit Rindern und Schafen.
	Selten beim Pferd.
	Während der Behandlung ist bei Pferden Diät in Form eiweißreicher, staubfreier Futtermitteln notwendig.

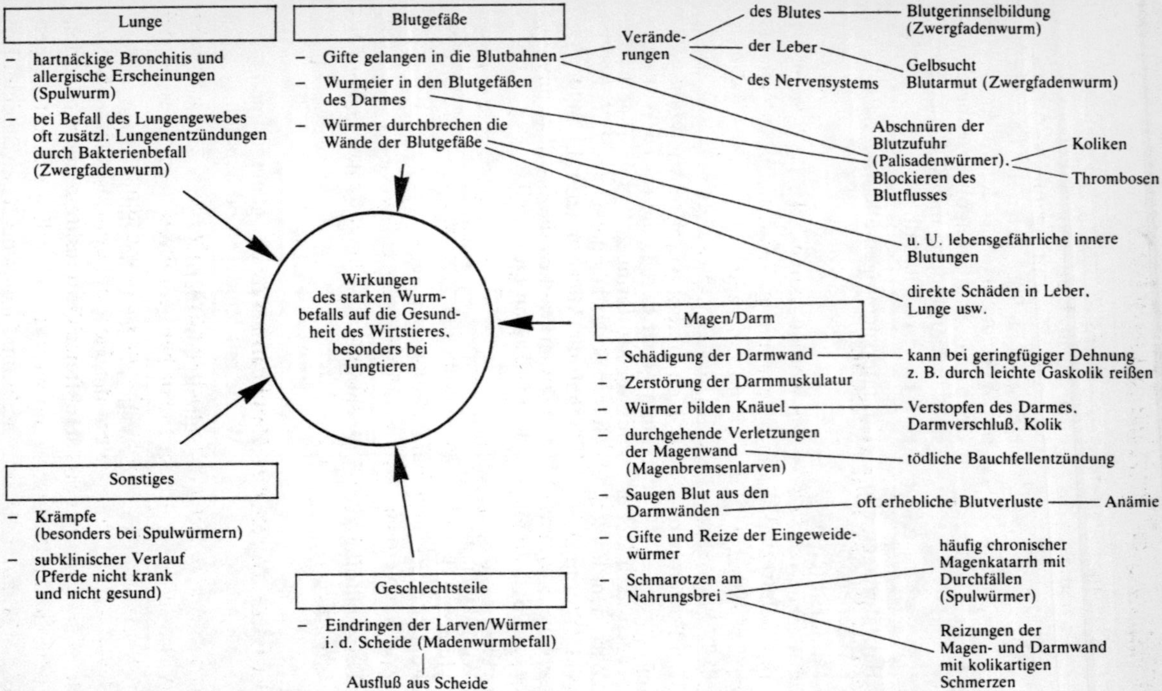
Wirkungen des starken Wurmbefalls auf die Gesundheit des Wirtstieres, besonders bei Jungtieren
Lunge
– hartnäckige Bronchitis und allergische Erscheinungen (Spulwurm)
– bei Befall des Lungengewebes oft zusätzl. Lungenentzündungen durch Bakterienbefall (Zwergfadenwurm)
Blutgefäße
– Gifte gelangen in die Blutbahnen
– Wurmeier in den Blutgefäßen des Darmes
– Würmer durchbrechen die Wände der Blutgefäße
Verände-rungen
des Blutes
Blutgerinnselbildung (Zwergfadenwurm)
der Leber
Gelbsucht
des Nervensystems
Blutarmut (Zwergfadenwurm)
Abschnüren der Blutzufuhr (Palisadenwürmer). Blockieren des Blutflusses
Koliken
Thrombosen
u. U. lebensgefährliche innere Blutungen
direkte Schäden in Leber, Lunge usw.
Magen/Darm
– Schädigung der Darmwand
kann bei geringfügiger Dehnung z. B. durch leichte Gaskolik reißen
– Zerstörung der Darmmuskulatur
– Würmer bilden Knäuel
Verstopfen des Darmes, Darmverschluß, Kolik
– durchgehende Verletzungen der Magenwand (Magenbremsenlarven)
tödliche Bauchfellentzündung
– Saugen Blut aus den Darmwänden
oft erhebliche Blutverluste
Anämie
– Gifte und Reize der Eingeweidewürmer
– Schmarotzen am Nahrungsbrei
häufig chronischer Magenkatarrh mit Durchfällen (Spulwürmer)
Reizungen der Magen- und Darmwand mit kolikartigen Schmerzen
Sonstiges
– Krämpfe (besonders bei Spulwürmern)
– subklinischer Verlauf (Pferde nicht krank und nicht gesund)
Geschlechtsteile
– Eindringen der Larven/Würmer i. d. Scheide (Madenwurmbefall)
Ausfluß aus Scheide

Weitere mögliche Krankheiten

Sonnenstiche und Hitzschlag

Ursachen: Überhitzung des Körpers durch hohe Außentemperaturen und eigene Wärmeerzeugung bei der Arbeit. Dadurch entsteht ein starker Blutandrang zum Gehirn.
Symptome: starker Schweißausbruch, Mattigkeit, Taumeln, Bewußtlosigkeit, starke Füllung der Adern, Hitze der Körperoberfläche, manchmal auch Krämpfe.
Therapie: Die Tiere müssen an einen kühlen Ort ohne Zugluft gebracht und ruhiggestellt werden. Übergießen mit kaltem Wasser, Abspritzen mit dem Schlauch, kalte Umschläge um den Kopf, einen sachkundigen Behandler rufen!
Vorbeuge: An heißen Tagen darf man nur leichte Arbeit von den Pferden verlangen. Ruhepausen im Schatten, das Tränken vor der Arbeit und eine gute Lüftung der Ställe sind wichtig.
Man gibt **Apis D6**, alle 10–15 Minuten, 15 Tropfen, bei Krämpfen zusätzlich **Cuprum metallicum D12**, 6mal täglich 15 Tropfen.

Entzündungen des Rückenmarks

Ursachen: Sie treten bei Bruch der Schweifwurzel, Zerrungen der Wirbelsäule – z. B. bei Versuchen, ein Pferd aufzuheben –, bei Schlagverletzungen, Stürzen oder Geschwülsten auf.
Symptome: Anfangs zeigen die Tiere ein kraftloses Herabhängen des Schweifs, später ist der Afterschließmuskel gelähmt bei offenstehendem After. Kot kann nicht unwillkürlich entleert werden, Blasenlähmung, Harntröpfeln, im fortgeschrittenen Stadium Ent-

zündung des Rückenmarks mit Lähmungen der Rückenmarksteile, die hinter dem erkrankten Abschnitt liegen, also unter anderem der Hinterbeine. Die Lähmungen breiten sich ständig weiter aus, es kommt zu Stauungen von Harn und Kot mit Entzündungen der Harnblase und der hinteren Darmabschnitte.
Therapie: Nach der abschließenden Diagnose des sachkundigen Behandlers muß das Tier geschlachtet werden.

Dummkoller

Ursachen: Parasiten, Geschwülste und andere Erkrankungen des Gehirns.
Symptome: Bewußtseinsstörungen, Teilnahmslosigkeit wechselt mit gelegentlichen Tobsuchtsanfällen, unnatürliche Stellungen und Bewegungen, Festhalten des Futters im Maul ohne Kaubewegungen. Die Tiere lassen sich ohne Abwehrbewegungen in das Ohr greifen oder auf die Krone treten. Die Krankheit ist fast immer unheilbar!
Therapie: Nach der Diagnose durch einen sachkundigen Behandler bleibt meistens nur die Schlachtung.

Borna-Krankheit

Diese ansteckende Gehirn- und Rückenmarksentzündung der Pferde ist anzeigepflichtig, sie zeigt viel Ähnlichkeit mit dem Dummkoller.
Ursachen: Virusbefall. Schafe sollen als Überträger eine Rolle spielen.
Symptome: Mattigkeit, verminderte Freßlust, Unaufmerksamkeit, häufiges Gähnen, unregelmäßiges Fieber, unnatürliche Stellungen und Bewegungen, herabhängende Ohren, Aufstützen des Kopfes bei geschlossenen Augen. Im fortgeschrittenen Stadium kommt es zu Erregungen, Krämpfen, Tobsuchtsanfällen, daneben zu Lähmungen der Muskulatur von Zunge, Schlund und be-

sonders der Hinterbeine. Steife Haltung von Kopf und Hals, der nicht mehr abgebogen werden kann.
Therapie: Benachrichtigung des Tierarztes oder Amtstierarztes, der alles Weitere veranlaßt.

Gehirnentzündungen

Ursachen: Infektionskrankheiten wie die Borna-Krankheit, Vergiftungen und Schläge auf den Kopf können die Entzündungen verursachen, auch die Einwirkung von Sonnenstrahlen.
Symptome: Die Tiere sind teilnahmslos bis tobsüchtig, machen unnatürliche Bewegungen, ein- oder beidseitige Lähmungen, Krämpfe, Augenrollen und Zähneknirschen.
Therapie: ruhigstellen! Jede Erschütterung des Gehirns muß vermieden werden. Einen sachkundigen Behandler zuziehen. Er wird Therapieversuche bei wertvollen Tieren nur dann vornehmen, wenn die Borna-Krankheit ausgeschlossen werden kann. Im akuten Stadium hilft **Belladonna D4–D6** oder **D8–D12**, dazu **Gelsemium D4.** Wenn keine Besserung innerhalb weniger Stunden eintritt und bei Lichtscheue gibt man **Lachesis D10** oder **Plumbum D4**, in leichteren Fällen **Bufo D10.**

Gehirnerschütterungen

Ursachen: kleinere Quetschungen des Gehirns durch Unfälle.
Symptome: Taumeln bis zur Bewußtlosigkeit, eventuell Lähmungen.
Therapie: **Arnika D1–D3**; wenn gleichzeitig äußere Verletzungen am Kopf vorliegen **Hypericum D1–D3**, jeweils 10 Tropfen stündlich.

Lähmungen der Gesichtsnerven

Ursachen: Quetschungen der Gesichtsnerven und Nervenentzündungen, aber auch Begleitsymptome bei Druse, Influenza und anderen Infektionskrankheiten.
Symptome: Herabhängen eines Ohres und des gleichseitigen Augenlids, auch der gleichseitigen Ober- und Unterlippe. Das Nasenloch ist verengt, Futter- und Wasseraufnahme sind beeinträchtigt.
Therapie: Lähmungen nach Nervenquetschungen sind heilbar, chronische Nervenentzündungen oft therapieresistent. Hier kann nur ein sachkundiger Behandler helfen.
Im Anfangsstadium gibt man **Aconitum** als Fiebermittel. Sind die Lähmungen oder Entzündungen durch Kälte entstanden, ist **Causticum D6** angezeigt, 3mal täglich 15–20 Tropfen. Auch **Gelsemium D30**, 1mal täglich 15 Tropfen 1 Woche lang, hilft, **Hypericum D3** wirkt in allen Fällen unterstützend.

Rheumatismus

Ursachen: Diese sehr schmerzhafte Erkrankung der Muskeln wird in der Regel durch Erkältungen oder Herumstehen bei naßkalter Witterung hervorgerufen.
Symptome: Steifigkeit über Nacht, mühsamer Gang, schmerzhaft und gespannt, ungenügende Bewegung der Gelenke, oft ist das Krachen der Gelenke hörbar, die Muskelpartien sind bei Betasten schmerzhaft, eventuell Fieber, verminderte Freßlust.
Therapie: Der Stall muß warm und trocken sein, mit warmer Streu gefüllt, keine Zugluft! Im Anfangsstadium **Aconitum** oder **Belladonna** geben, je D6, stündlich 10 Tropfen.

Erscheinungen bei Rheuma	*mögliche Mittel*
Schmerzen breiten sich über große Oberflächen aus, Besserung durch Bewegung	**Rhus tox.**

Erscheinungen bei Rheuma	*mögliche Mittel*
Schmerzen der Muskeln und Sehnen	**Arnika**
Schmerzen der Muskeln und Gelenke	**Berberis**
Schmerzen im Schulter- und Hüftbereich, Besserung durch leichte Bewegung	**Ferrum phos. D12**, 2- bis 3mal täglich 10–15 Tropfen
Muskel- und Gelenkrheuma mit schmerzhaften Gelenkschwellungen, Verschlechterung bei geringster Bewegung	**Bryonia**
Rheuma nach Infektionen des Rachenraums	**Phytolacca**
rheumatische Schmerzen mit Bewegungsschwierigkeiten bei Erkrankungen des Urogenitalsystems	**Aurum D6–D12**
Muskelrheuma allgemein	Umschläge aus Brei oder mit Kaltauszug von **Birkenblättern** oder **Bryoniawurzeln**

Soweit nicht anders angegeben wurde, gilt die *Dosierung* von jeweils D4–D6, 3mal täglich 15 Tropfen.

Genickbeulen

Ursachen: Infektionen des Schleimbeutels, ständiger Druck durch zu enges Halfter auf einen Schleimbeutel oder auf das Nackenband.
Symptome: Anschwellungen im Genick des Pferdes, häufig schmerzhaft, eitriger Ausfluß möglich.
Therapie: Behandlung wie bei Abszessen.

Widerristfisteln

Ursachen: vernachlässigter Satteldruck, Entzündungen von Lymphgefäßen und Parasiten.
Symptome: Aus einer Hautöffnung im Bereich des Widerrists fließt Eiter. Der Bereich um die Hautöffnung ist geschwollen und schmerzhaft. Ein Vorderbein kann lahmen.
Therapie: Die Heilung ist sehr langwierig! Versickert Eiter zwischen Brustkorb und Schulterblatt, kann es zu Blutvergiftungen kommen. Ein sachkundiger Behandler muß zugezogen werden.

Giftpflanzen

In gewohnter Umgebung nimmt das Pferd instinktmäßig keine Giftpflanzen auf, obwohl es sehr viele gibt. Vorsicht ist besonders angebracht bei Eibe, Herbstzeitlose, Eicheln, Eisenhut, Hahnenfuß, Lupinen, Kartoffelkraut, Tabak, Schachtelhalm und Adlerfarn. Viele Giftpflanzen entwickeln auch in getrocknetem Zustand noch Vergiftungserscheinungen, die sich bei längerer Lagerung verlieren. Wichtig ist daher, auch beim Heu eine mindestens 10wöchige Schwitz- und Lagerungsphase abzuwarten.
Therapie: Man muß sofort einen sachkundigen Behandler holen und ihm die Pflanze zeigen oder wenigstens genau beschreiben! Kreislaufanregende Mittel, wie schwarzer, kalter Bohnenkaffee als Einschütt, helfen, sofern noch nicht die Erregungsphase im Zuge der Vergiftung eingetreten ist. Allgemein entgiftend wirkt **Nux vomica D6–D12**.

Erdstrahlenkrankheiten

Sie entstehen hauptsächlich durch Einflüsse von Wasseradern in Ställen, wo die Tiere keine Möglichkeit zum Ausweichen haben. Das Pferd ist von Natur aus Strahlenflüchter! Die Krankheit zeigt sich vor allem in einer ständigen Neigung zu unterschiedlichen Krankheiten, die durch nichts zu erklären ist. **Brennesselheu** oder Tee aus **Brennesseln, Holunder** und **Mistel** beugen vor.

Allergien

Sie entstehen durch eine Überempfindlichkeitsreaktion des Bindegewebes gegenüber bestimmten Stoffen in Arznei- und Futtermitteln, durch Parasitenbefall, Staub oder Umweltgifte. Auch durch eine unsachgemäße, eventuell überdosierte Wurmkur oder zu starken Antibiotikaeinsatz kann die Allergiebereitschaft gesteigert werden. Eine Allergie wird erst im Laufe des Lebens ausgebildet, wobei eine erbliche Veranlagung oft fördernd wirkt.
Allergien zeigen sich in der Regel in Atembeschwerden und in Reaktionen der Haut mit Quaddelbildungen, die Schleimhäute sind gereizt. Interessant ist, daß die Allergieneigung zurückgeht, wenn die Schleimhäute des Magen-Darm-Trakts richtig funktionieren.
Therapie: In akuten Fällen helfen **Apis D3** oder **D30**, alle 15–20 Minuten 15 Tropfen, bis eine Besserung eintritt. Soweit möglich, macht man kalte Umschläge mit **Essigwasser**.
Ist die Allergie mit einer starken Schleimanhäufung und viel Husten gekoppelt, ist **Ipececum D1–D3** das Mittel der Wahl. **Gingko bilabo D6** beseitigt Allergien, die auf Holzschutzmitteln beruhen.
Liegt eine generelle Neigung zu Allergien vor, kann ein allgemeiner Therapieversuch mit **Calcium carb. D12**, 3mal täglich 1 Tablette über 3 Wochen, bei mehr lymphatischen Tieren mit **Lachesis D8–D12** oder **Apis D6–D12** unternommen werden. Ist dagegen eine ausgeprägte Allergie der Luftwege vorhanden, eignet sich **Magnesium muraticum D3**.
Zu allen Mitteln sollten zur Nierenunterstützung **Apis D6** oder **Berberis D6** zusätzlich gegeben werden. Bei örtlichen Allergien helfen Einreibungen mit **Klettenwurzel-** oder **Sonnenblumenöl**.
Durch die Fütterung von **Brennesseln** als Heu oder die gelegentliche Gabe von **Wacholderbeeren**, mit Tee aus **Brennesseln, Birkenblättern** oder **Goldrute** kann eine allergische Komponente gemildert werden. Erfolgreich waren auch Akupunkturen und Eigenblutbehandlungen.

Rückenmarksleiden

Diese Leiden stehen immer in Zusammenhang mit anderen Krankheitsbildern! Bei Rückenmarksleiden ist das Rückgrat häufig ausgesprochen empfindlich gegen und auf Druck. Diese Druckempfindlichkeit behebt **Graphites D12**.

Sommerekzeme

Alle allergischen Hauterkrankungen durch Insektenstiche zeigen Bläschen- und Schuppenbildung und einen später einsetzenden Haarausfall. Befallen werden meist die Bereiche um Ohr, Hals und Mähne, der Widerrist, der Rücken und der Schweifansatz. Besonders anfällig sind Robustpferde, in erster Linie die Isländer.
Ursachen: Im Vordergrund stehen immer eine Eiweißüberfütterung oder ein Mangel an Mineralstoffen.
Therapie: Fernhalten von Insekten! Ratsam ist die Fütterung von **Biorca Ursonne, Kieselgur** oder **Obstessig.** Waschungen mit Tee von **Ackerschachtelhalm** und der Einsatz von **Hekla Lava D3** oder **Calcium carb. D30** werden empfohlen. Überzeugend wirkt oft eine Eigenblutbehandlung.

Warzen

Das sind Wucherungen an Haut und Schleimhäuten, die meistens durch Viren oder Stoffwechselstörungen entstehen. Warzen finden wir ebenso wie einen Pilzbefall immer dann, wenn eine schlechte Durchblutung besteht.
Therapie: Bei glatten Warzen ohne eitrige Absonderungen ist **Thuja D1** zuständig, in allen anderen Fällen, auch bei hornartigen, entzündeten oder eiternden Warzen, verwendet man **Causticum D12**. Es empfiehlt sich, mit den genannten Mitteln auch die Warzen selbst zu betupfen. Äußerlich kann auch **Schöllkrauttinktur** aufgetragen werden.

Magersucht

Sie ist immer eine Folge eines krankhaft gesteigerten Stoffwechsels. **Avena sativa** als Urtinktur kann hier überzeugend eingesetzt werden.

Strahlenpilzkrankheiten

Verschiedene Strahlenpilzarten verursachen knotige Geschwülste und Verdickungen der Zunge und der Kieferknochen. Die Geschwüre können eitern und aufbrechen.
Therapie: **Kalium jodatum D3** oder **Phosphor D12** mit **Silicea D12**, bei eiternden Erkrankungen gibt man **Mercurius jodatum flav. D12**.

Lebererkrankungen

Sie sind selten und zeigen sich in der Regel durch Druck- und Schmerzempfindlichkeit der Lebergegend und stumpfes sowie struppiges Fell. Lebererkrankungen sind immer mit einem Leistungsabfall verbunden. Sie führen häufig zur Beteiligung der Nieren am Krankheitsgeschehen, das ist eine Folge der Überlastung des Blutes mit von der Leber nicht verarbeiteten Stoffwechselprodukten. Die Leber ist das einzige Organ des Körpers, das sich selbst bei starker Beeinträchtigung wieder regenerieren kann. Man therapiert mit **Carduus marianus, Chelidonium, Lycopodium** und **Taraxacum**, auch Eigenblut- und Eigenharnbehandlungen helfen.

Hepatitis

Bei Gelbsucht sind die Bindehäute der Augen gelblich-schmutzig bis quittegelb verfärbt. Die pigmentlose Haut zeigt ebenfalls diese Gelbfärbung, die durch nicht abgebauten Blutfarbstoff entsteht. Gelbsucht ist immer ein Alarmzeichen für akute Leberstörungen! Vordergründig muß die Haupterkrankung therapiert werden. Gegen Gelbsucht helfen die bei Lebererkrankungen genannten Mittel, ebenso **Nux vomica D6**.

Arthritis und Arthrosen

Diese Begriffe wurden bereits bei verschiedenen Krankheitsbildern erwähnt. Sie sind ein Zeichen für Gelenkentzündungen, -deformierungen und Abnutzungserscheinungen. In beiden Fällen werden Stoffwechselprodukte in den Gelenken abgelagert, oft ist das eine Folge von zu eiweißreicher Ernährung. Mit der regelmäßigen Gabe von Petersilie, gehackten Brennesseln im Futter oder mit Brennesselheu sorgt man für einen Abbau der Entzündungsprodukte.
Die Gelenkentzündungen sind meistens durch einen übersehenen fieberhaften Zustand entstanden. Oft läßt er sich noch mit **Bryonia D2–D3,** wenn das Tier sich nicht bewegen will, sonst mit **Nux vomica D6** günstig beeinflussen.
Äußerlich wirken Einreibungen mit **Beinwellessenz** oder **Heilerdeumschläge** unterstützend. Arthrosen sprechen in der Regel gut auf eine äußerliche Behandlung mit **Symphytum-** und **Teufelskralleumschläge** an.
Innerlich gibt man bei Arthrosen des Beins **Rhus tox.,** des Hufbereichs **Caulophyllum** oder **Ruta graveolens,** des Hüftbereichs **Kalium carbonicum** oder **Cimicifuga**, jeweils in D12–D30.
Sowohl bei Entzündungen als auch bei Abnutzungserscheinungen sollte zusätzlich zur Förderung der Lebertätigkeit **Lycopodium** verabreicht werden.

Register

ETB-GESAMTVERZEICHNIS ECON RATGEBER

Gesundheit

Maximilian Alexander
Die (un)heimlichen Krankmacher
Vorbeugen, erkennen, heilen

ECON Ratgeber

ETB 20039 **DM 9,80**
Originalausgabe,
144 Seiten

Wolf Ulrich
Allergien sind heilbar
Hilfe bei Heuschnupfen und anderen allergischen Krankheiten
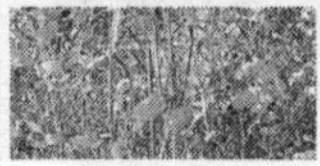
ECON Ratgeber

ETB 20023 **DM 8,80**
159 Seiten,
14 Zeichnungen

Maximilian Alexander
Rheuma ist heilbar
Neueste Naturheilmethoden

ECON Ratgeber

ETB 20017 **DM 7,80**
142 Seiten

Bernard A. Bäker
Gelenkerkrankungen

Arthritis, Arthrose, Gelenkrheuma
ECON Ratgeber

ETB 20080 **DM 8,80**
141 Seiten,
57 Zeichnungen,
12 Fotos

Gerhard Leibold
Das Kreuz mit dem Kreuz

Bandscheibenschäden vorbeugen und heilen
ECON Ratgeber

ETB 20133 **DM 7,80**
Originalausgabe,
ca. 144 Seiten,
15 Zeichnungen

Bernard A. Bäker
Migräne und Kopfschmerzen sind heilbar

ECON Ratgeber

ETB 20063 **DM 7,80**
115 Seiten,
6 Zeichnungen

Werner Zenker
Mit Asthma leben lernen

ECON Ratgeber

ETB 20049 **DM 7,80**
Originalausgabe,
173 Seiten

Werner Zenker
Mein Kind hat Asthma

ECON Ratgeber

ETB 20037 **DM 9,80**
Originalausgabe,
202 Seiten

Martin Schwartz
Stottern ist heilbar

Erfolgreiche Behandlungsmethoden
ECON Ratgeber

ETB 20057 **DM 7,80**
176 Seiten

Gerhard Leibold
Die Schilddrüse
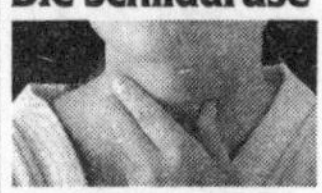
Krankheiten vorbeugen und behandeln
ECON Ratgeber

ETB 20106 **DM 7,80**
Originalausgabe,
ca. 128 Seiten,
4 Zeichnungen

Bernard A. Bäker
Brustkrebs

Vorbeugen, erkennen, handeln
ECON Ratgeber

ETB 20107 **DM 8,80**
Originalausgabe,
ca. 176 Seiten,
Zeichnungen

Gerhard Leibold
Risikofaktor Cholesterin

Erkennen und vorbeugen
ECON Ratgeber

ETB 20083 **DM 7,80**
Originalausgabe,
138 Seiten, 5 Zeichnungen

Michael Eisenberg
Magenkrank?

Behandlung und Heilung
ECON Ratgeber

ETB 20068 **DM 8,80**
159 Seiten,
14 Zeichnungen

Angela Kilmartin
Blasenentzündung

Vorbeugen und selbst behandeln
ECON Ratgeber

ETB 20072 **DM 8,80**
164 Seiten,
18 Zeichnungen

Wolf Ulrich
Zellulitis ist heilbar
Orangenhaut – vorbeugen und selbst behandeln

ECON Ratgeber

ETB 20012 **DM 6,80**
128 Seiten,
51 Fotos

P. van Keep/L. Jaszmann
Die Wechseljahre der Frau

ECON Ratgeber
ETB 20013 **DM 6,80**
139 Seiten,
6 Zeichnungen

Karl Heinz Reger
Sibylle Reger-Nowy
Herpes
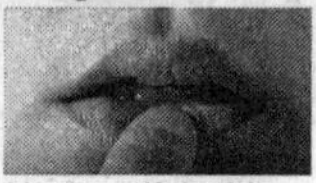
Erkennen und behandeln
ECON Ratgeber
ETB 20096 **DM 8,80**
Aktualisierte und erweiterte Neuausgabe,
160 S., 16 Zeichnungen, 8 Fotos

Karl Heinz Reger
Petra Haimhausen
AIDS
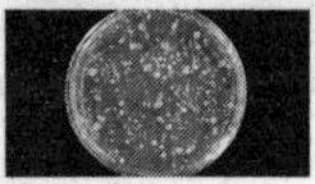
Die neue Seuche des 20. Jahrhunderts
ECON Ratgeber
ETB 20084 **DM 8,80**
Aktualisierte und erweiterte Neuausgabe,
134 Seiten

Rainer Haun
Der mündige Patient

Vom kritischen Umgang mit Ärzten
ECON Ratgeber
ETB 20078 **DM 9,80**
222 Seiten

Donald Vickery
James F. Fries
Zum Arzt – oder nicht?
Krankheiten erkennen und das Richtige tun
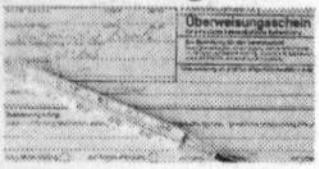
ECON Ratgeber
ETB 20007 **DM 12,80**
304 Seiten,
67 Graphiken

Diagram
Soforthilfe für mein Kind

Bei Unfällen und Krankheiten
ECON Ratgeber
ETB 20115 **DM 7,80**
Deutsche Erstausgabe,
128 Seiten,
200 Zeichnungen

Maximilian Alexander
Eugen Zoubek
Schmerzfrei durch Biomedizin
Neue Naturheilmethoden

ECON Ratgeber
ETB 20000 **DM 6,80**
143 Seiten

Gerhard Jäger
Die beste Medizin
Möglichkeiten der Naturheilmittel

ECON Ratgeber
ETB 20027 **DM 7,80**
142 Seiten,
9 Zeichnungen

Ulrich Rückert
Gesund ohne Pillen

Naturheilmittel für jedermann
ECON Ratgeber
ETB 20071 **DM 9,80**
Originalausgabe,
207 Seiten,
23 Zeichnungen

Anton Stangl
Heilen aus geistiger Kraft
Zur Aktivierung innerer Energien
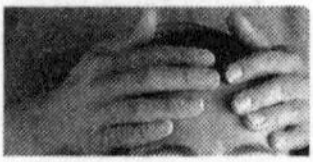
ECON Ratgeber
ETB 20029 **DM 6,80**
143 Seiten

Marie-Luise und Anton Stangl
Hoffnung auf Heilung
Seelisches Gleichgewicht bei schwerer Krankheit

ECON Ratgeber
ETB 20035 **DM 9,80**
Originalausgabe,
234 Seiten

Natalie Rogers
Schluß mit der Erschöpfung

ECON Ratgeber
ETB 20058 **DM 7,80**
Deutsche Erstausgabe,
141 Seiten

Gerhard Leibold
Gesund und fit durch Ballaststoffe

ECON Ratgeber
ETB 20082 **DM 7,80**
Originalausgabe,
140 Seiten,
5 Zeichnungen

Hans A. Bloss
Bewegung tut not

Ein Programm für Sportmuffel
ECON Ratgeber
ETB 20145 **DM 9,80**
Originalausgabe,
ca. 160 Seiten,
20 Zeichnungen

Ute Busch
Karl-Gustav Gies
Nils Waegner
Heilschwimmen

Gesundheitstraining für jung und alt
ECON Ratgeber
ETB 20097 **DM 9,80**
Originalausgabe,
ca. 208 Seiten

Gerhard Jäger
Wasser wirkt Wunder
Natürliche Heilmethoden

ECON Ratgeber
ETB 20006 **DM 6,80**
159 Seiten,
26 Fotos

Ina Jung
Der ökologische Wassergarten

Ein Biotop im Garten
ECON Ratgeber
ETB 20142 **DM 9,80**
Originalausgabe,
ca. 144 Seiten,
ca. 50 Zeichnungen

Ina Jung
Der Ökogarten für Kinder

Natur verstehen auf kleinstem Raum
ECON Ratgeber
ETB 20099 **DM 9,80**
Originalausgabe,
128 Seiten,
50 Zeichnungen

Gustav Schoser
Pflanzen überwintern

Immergrüne und laubabwerfende Gehölze, krautige Pflanzen
Originalausgabe
ECON Ratgeber
ETB 20085 **DM 9,80**
Originalausgabe,
ca. 144 Seiten,
ca. 50 Zeichnungen

Gustav Schoser
Zimmerpflanzen unter Kunstlicht
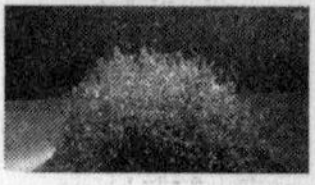
ECON Ratgeber
ETB 20116 **DM 9,80**
Originalausgabe,
ca. 144 Seiten, 4 Farbtafeln,
30 Fotos und Zeichnungen

Katharina Buss
Der Nutzgarten im Blumentopf

Kräuter und Gemüse statt Zierpflanzen
ECON Ratgeber
ETB 20059 **DM 9,80**
205 Seiten,
66 Zeichnungen

Brigitte Ellert-Overbeck
Meine Katze

Verhalten, Ernährung, Pflege
Begleitbuch zur ZDF-Serie »Mit Tieren leben«
ECON Ratgeber
ETB 20151 **DM 8,80**
Originalausgabe,
140 Seiten,
24 Zeichnungen

Arnt-Günter Nimz
Mein Hund

Verhalten, Erziehung, Pflege
Begleitbuch zur ZDF-Serie »Mit Tieren leben«
ECON Ratgeber
ETB 20150 **DM 8,80**
Originalausgabe,
128 Seiten,
ca. 30 Zeichnungen

Udo B. Brumpreiksz
Mein Dackel

Pflege, Ernährung, Krankheiten
ECON Ratgeber
ETB 20086 **DM 8,80**
Originalausgabe,
ca. 144 Seiten,
ca. 30 Abbildungen

Rolf Spangenberg
Klassehunde ohne Rasse

Freundschaft, die nie enttäuscht
ECON Ratgeber
ETB 20109 **DM 9,80**
224 Seiten,
30 Fotos

Horst Schall
Mein Kaninchen

Herkunft, Verhalten, Pflege
Begleitbuch zur ZDF-Serie »Mit Tieren leben«
Originalausgabe
ECON Ratgeber
ETB 20135 **DM 8,80**
Originalausgabe,
ca. 160 Seiten,
30 Fotos und Zeichnungen

Hans J. Mayland
Aquarium für Anfänger

Beckenarten, Aquarientechnik, Bepflanzung, Fische
ECON Ratgeber
ETB 20100 **DM 9,80**
Originalausgabe,
144 Seiten,
30 Farbfotos, 60 Zeichnungen

Gaby Karmann
Detlef Ost
Naturheilkunde für Katzen

ECON Ratgeber
ETB 20077 **DM 7,80**
Originalausgabe,
96 Seiten,
21 Zeichnungen

I. Ghosh
Naturheilkunde für Hunde

ECON Ratgeber
ETB 20076 **DM 7,80**
Originalausgabe,
120 Seiten,
14 Zeichnungen

Walter Salomon
Naturheilkunde für Pferde

ECON Ratgeber
ETB 20117 **DM 9,80**
Originalausgabe,
ca. 208 Seiten,
40 Fotos und Zeichnungen

Marga Drossard
Ursula Letschert
Naturheilkunde für Kleintiere

ECON Ratgeber
ETB 20118 **DM 9,80**
Originalausgabe,
ca. 160 Seiten,
ca. 40 Zeichnungen

Hobby

ETB 20088 **DM 8,80**
Originalausgabe,
112 Seiten,
ca. 70 Zeichnungen

ETB 20101 **DM 8,80**
Originalausgabe,
112 Seiten,
ca. 70 Zeichnungen

ETB 20137 **DM 14,80**
Originalausgabe,
112 Seiten,
ca. 30 Fotos, 16 Farbtafeln

ETB 20011 **DM 5,80**
95 Seiten,
3 Farbtafeln,
70 Zeichnungen

ETB 20110 **DM 9,80**
Originalausgabe,
128 Seiten,
ca. 50 Fotos und Zeichnungen

ETB 20009 **DM 8,80**
157 Seiten,
16 Farbfotos,
80 Zeichnungen

ETB 20034 **DM 12,80**
122 Seiten,
68 Fotos, 13 Farbfotos,
100 Zeichnungen

ETB 20079 **DM 8,80**
Originalausgabe,
160 Seiten

ETB 20042 **DM 12,80**
Originalausgabe,
174 Seiten, 8 Farbtafeln,
36 Zeichnungen

ETB 20089 **DM 14,80**
Originalausgabe,
ca. 180 Seiten,
ca. 40 Zeichnungen

ETB 20036 **DM 9,80**
187 Seiten,
31 Zeichnungen

Spiele und Unterhaltung

ETB 20103 **DM 9,80**
Deutsche Erstausgabe,
200 Seiten,
250 Diagramme

ETB 20112 **DM 9,80**
Originalausgabe,
ca. 128 Seiten,
116 Zeichnungen

ETB 20032 **DM 7,80**
175 Seiten,
55 Zeichnungen,
198 Spielideen

Isolde Kiskalt
Wir feiern eine Kinderparty

Spiele, Rezepte, Zaubereien für 4- bis 10jährige
ECON Ratgeber
ETB 20102 **DM 7,80**
Originalausgabe,
128 Seiten,
86 Zeichnungen

Martin Weghorn
1000 Fragen zur Umwelt

Ein Quizbuch für Wissen und Unterhaltung
ECON Ratgeber
ETB 20090 **DM 7,80**
Originalausgabe,
128 Seiten,
ca. 100 Zeichnungen

Martin Weghorn
1000 Fragen zur Geographie

Ein Quizbuch für Wissen und Unterhaltung
ECON Ratgeber
ETB 20111 **DM 7,80**
Originalausgabe,
ca. 128 Seiten,
ca. 10 Zeichnungen

Martin Weghorn
1000 Fragen zur Geschichte

Ein Quizbuch für Wissen und Unterhaltung
ECON Ratgeber
ETB 20138 **DM 7,80**
Originalausgabe,
ca. 128 Seiten

Reden, Briefe, deutsche Sprache

Edith Hallwass
Gutes Deutsch in allen Lebenslagen

ECON Ratgeber
ETB 20139 **DM 14,80**
530 Seiten

Heidemarie Müller
Die schönsten Poesiealbumverse

ECON Ratgeber
ETB 20092 **DM 6,80**
Originalausgabe,
111 Seiten

Frank Hercher
Ansprachen, Reden, Toasts

Für alle Gelegenheiten
ECON Ratgeber
ETB 20093 **DM 9,80**
224 Seiten

Franz Bludau
Liebesbriefe

Musterbriefe für Verliebte
ECON Ratgeber
ETB 20105 **DM 7,80**
Originalausgabe,
ca. 128 Seiten

Brigitte Otto
Vornamen

Herkunft und Bedeutung
Von Abigail bis Zygmunt
Originalausgabe
ECON Ratgeber
ETB 20113 **DM 7,80**
Originalausgabe,
ca. 160 Seiten

Lebenshilfe

Peter Lauster
Lassen Sie sich nichts gefallen

Die Kunst, sich durchzusetzen
Mut zum Ich
ECON
ETB 20081 **DM 12,80**
285 Seiten,
33 Zeichnungen

Anton und Marie-Luise Stangl
Lebenskraft

Selbstverwirklichung durch Eutonie und Zen
ECON Ratgeber
ETB 20094 **DM 12,80**
296 Seiten

Marie-Luise Stangl
Jede Minute sinnvoll leben
Vertrauen zu sich selbst gewinnen

ECON Ratgeber
ETB 20015 **DM 5,80**
123 Seiten

Marie-Luise Stangl
Die Welt der Chakren
Praktische Übungen zur Seins-Erfahrung

ECON Ratgeber
ETB 20022 **DM 5,80**
Originalausgabe,
107 Seiten,
49 Zeichnungen

Joseph Wolpe
Unsere sinnlosen Ängste
Wege zu ihrer Überwindung

ECON Ratgeber
ETB 20031 **DM 8,80**
204 Seiten

Bernhard Müller-Elmau
Kräfte aus der Stille
Die transzendentale Meditation

ECON Ratgeber

ETB 20021 **DM 7,80**
191 Seiten

Gerhard Leibold
Körpertherapie

Einklang von Körper, Geist und Psyche
ECON Ratgeber

ETB 20114 **DM 7,80**
Originalausgabe,
ca. 160 Seiten,
15 Zeichnungen

Marianne Schneider-Düker
Gruppenpsychotherapie
Methoden, Probleme, Erfolge

ECON Ratgeber

ETB 20055 **DM 7,80**
135 Seiten,
6 Abbildungen

Peter Lauster
Statussymbole

Wie jeder jeden beeindrucken will
ECON

ETB 20104 **DM 9,80**
204 Seiten,
25 Zeichnungen

Maximilian Alexander
Schein und Wirklichkeit der Sekten

ECON Ratgeber

ETB 20069 **DM 9,80**
Originalausgabe,
ca. 192 Seiten

Alfred Bierach
Schlank im Schlaf durch vertiefte Entspannung
Die SIS-Methode

ECON Ratgeber

ETB 20008 **DM 6,80**
144 Seiten,
1 Graphik

Waltraud Simon
Praxis der Eheinstitute

ECON Ratgeber

ETB 20062 **DM 8,80**
Originalausgabe,
139 Seiten

Mavis Klein
Ein Partner für mich
Wege zu Freundschaft und Liebe

ECON Ratgeber

ETB 20028 **DM 7,80**
156 Seiten,
21 Graphiken

Debora Phillips
Robert Judd
Das Ende einer Zweierbeziehung

Auf dem Weg zum neuen Ich
ECON Ratgeber

ETB 20066 **DM 8,80**
Deutsche Erstausgabe,
143 Seiten

Stephen M. Johnson
Nach der Trennung wieder glücklich

ECON Ratgeber

ETB 20041 **DM 9,80**
287 Seiten

Roland Kopping
Träume und ihre Deutung

ECON Ratgeber

ETB 20120 **DM 9,80**
Originalausgabe,
ca. 200 Seiten

Georg Götte
Ahnenforschung

So erstellt man seinen Stammbaum
ECON Ratgeber

ETB 20119 **DM 8,80**
Originalausgabe,
ca. 144 Seiten,
10 Zeichnungen

Manfred Lucas
Hören, um gehört zu werden
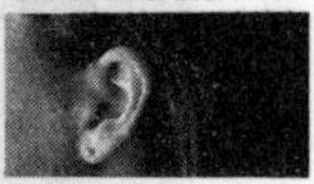
Die Kunst des richtigen Zuhörens
ECON Ratgeber

ETB 20146 **DM 8,80**
Originalausgabe,
ca. 128 Seiten

Bernd Kirchner
Die trügerische Sicherheit
Tips für den Umgang mit Versicherungen

ECON Ratgeber

ETB 20053 **DM 9,80**
205 Seiten

Kinder- und Schülerhilfen

W. Zeise/J. A. Stöhr
Kinder-Medizin, Pädagogik, Psychologie
Ein Lexikon

ECON Ratgeber

ETB 20043 **DM 16,80**
Aktualisierte Neuausgabe,
534 Seiten,
111 Zeichnungen

Hanns-Manfred Heuer
Mein Kind ist Jungfrau

Vom 24. August bis 23. September

ECON Ratgeber

ETB 20126 **DM 6,80**
112 Seiten,
10 Zeichnungen

Hanns-Manfred Heuer
Mein Kind ist Waage

Vom 24. September bis 23. Oktober

ECON Ratgeber

ETB 20127 **DM 6,80**
112 Seiten,
10 Zeichnungen

Hanns-Manfred Heuer
Mein Kind ist Skorpion

Vom 24. Oktober bis 22. November

ECON Ratgeber

ETB 20128 **DM 6,80**
112 Seiten,
10 Zeichnungen

Hanns-Manfred Heuer
Mein Kind ist Schütze

Vom 23. November bis 21. Dezember

ECON Ratgeber

ETB 20129 **DM 6,80**
112 Seiten,
10 Zeichnungen

Hanns-Manfred Heuer
Mein Kind ist Steinbock

Vom 22. Dezember bis 20. Januar

ECON Ratgeber

ETB 20130 **DM 6,80**
112 Seiten,
10 Zeichnungen

Hanns-Manfred Heuer
Mein Kind ist Wassermann

Vom 21. Januar bis 19. Februar

ECON Ratgeber

ETB 20131 **DM 6,80**
112 Seiten,
10 Zeichnungen

Hanns-Manfred Heuer
Mein Kind ist Fisch

Vom 20. Februar bis 20. März

ECON Ratgeber

ETB 20132 **DM 6,80**
112 Seiten,
10 Zeichnungen

Umwelt, Ökologie

Sabine Bahnemann
Alltagsökologie

Global denken – lokal handeln

ECON Ratgeber

ETB 20064 **DM 9,80**
Originalausgabe,
222 Seiten,
über 100 Zeichnungen

Robert Müller
Giftige Stoffe im Haushalt

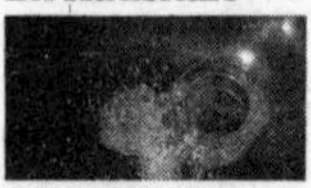

Verhaltensempfehlungen und Richtlinien

Originalausgabe

ECON Ratgeber

ETB 20095 **DM 8,80**
Originalausgabe,
160 Seiten,
ca. 10 Abbildungen

E. Dölle/W. Koch
Selbstversorgung – aber wie
Unabhängigkeit für Stadt- und Landbewohner

ECON Ratgeber

ETB 20051 **DM 9,80**
Originalausgabe,
191 Seiten,
68 Zeichnungen

Praxis

Edgar Forster
Sich selbständig machen – gewußt wie

ECON Praxis

ETB 21001 **DM 9,80**
Originalausgabe,
192 Seiten

Heiner Kurt Wülfrath
Sich erfolgreich bewerben und vorstellen

Ein praktischer Ratgeber für Stellensuchende

ECON Praxis

ETB 21004 **DM 5,80**
Originalausgabe,
90 Seiten

Manfred Lucas
Bewerbungsgespräche erfolgreich führen

ECON Praxis

ETB 21020 **DM 8,80**
Originalausgabe,
ca. 128 Seiten

ETB 21011 **DM 12,80**
Originalausgabe,
205 Seiten

ETB 21021 **DM 8,80**
Originalausgabe,
ca. 128 Seiten

ETB 21022 **DM 8,80**
Originalausgabe,
ca. 128 Seiten

Bestellschein ETB

Ich bestelle hiermit aus dem
ECON Taschenbuch Verlag,
Postfach 30 03 21, 4000 Düsseldorf 30,
durch die Buchhandlung:

Buchhandlung:

Ex. Ex.

Ex. Ex.

Ex. Ex.

Ex. Ex.

Ex. Ex.

Name:

Straße: Ort:

Datum: Unterschrift:

Preisänderungen und Irrtum vorbehalten. Stand 1. 8. 1985